중앙아시아의 거인

카자흐스탄

중앙아시아의 거인

카자흐스탄

김일수 외 지음

궁리
KungRee

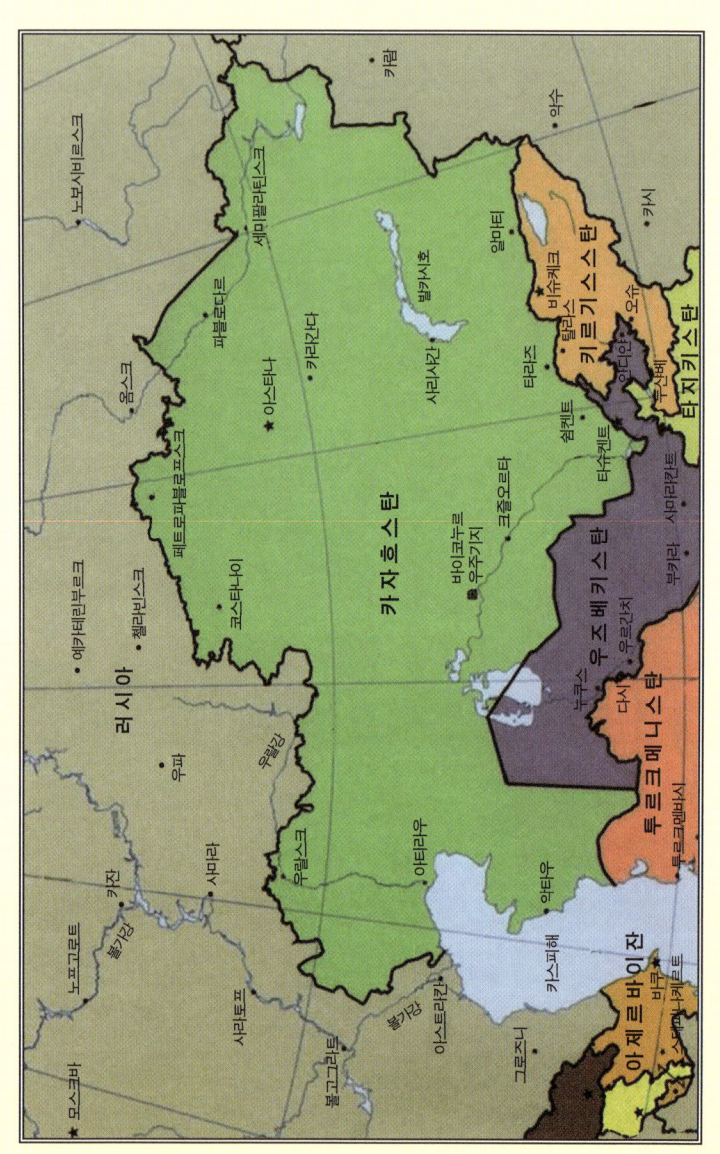

개정판 머리말

『중앙아시아의 거인 카자흐스탄』은 막대한 자원, 개방적인 경제 체제 등에 힘입어 2000년대에 들어서면서 연평균 10%에 가까운 경제 성장을 지속해 중앙아시아의 중심국으로 주목받는 카자흐스 탄에 대한 입문서로 2008년 출간되었다.

이제 이 책이 출간된 지 2년 만에 그동안 카자흐스탄에서 일어 난 변화, 특히 국제 금융 위기 때문에 비롯된 경제 부문의 변동 상 황을 다시 정리해야 할 시점이 되었다.

2008년 전 세계를 강타한 금융 위기는 카자흐스탄이라고 그냥 지나칠 리가 없었다. 오히려 국내 민간 투자가 건설 부문에 치중되 어 있고, 그 투자의 재원이 바로 국제 금융 시장에서 차입해온 단기 자본이었기에 국제 금융 시장의 유동성 고갈은 카자흐스탄 부동산 건설 시장에 쌓여 있던 거품을 단숨에 거두어 갔다. 카자흐스탄 정부도 국제 경기의 한파로 수출의 70% 이상을 차지하는 원유가가 반토막 이하로 추락해서 재정 수입이 타격을 입은데다 도산위기에 빠진 은행권 구제, 건설 경기 부양책 등으로 재정 지출은 늘어 환율의 절하, 차관 도입 등 고육책을 쓰지 않을 수 없었다.

나름대로 그간의 과정을 되짚어보며 책 내용을 수정하면서 내린 결론은 '그럼에도 불구하고' 카자흐스탄이 가진 잠재력은 그 방대한 자원, 개방적인 경제 체제, 특히 1997년, 2008년 두 차례의 경제 위기를 순조롭게 극복한 카자흐스탄의 경험과 능력 등에 비추어 변함이 없다는 것이었다.

다시 한번 이 책의 초판 출간에 큰 도움을 주신 문봉 장학회 김병학 이사장님, 그리고 각자 전문 분야에서 집필을 맡아주었던 당시 주 카자흐스탄 대사관 직원, 한국석유공사, 대한광업진흥공사, 한국국제협력단, 재 카자흐스탄 동포 사회 여러분의 수고에 고마운 마음을 전한다. 또한 흔쾌히 개정판 출간 작업을 해준 궁리출판에 감사를 드린다.

2010년 4월

김일수

초판 머리말

한때 구소련 독립국 중 하나로 1990년대 초 중앙아시아 땅에 새로 건국된 낯선 나라 정도로만 여겨졌던 카자흐스탄이 사람들의 본격적인 관심의 대상이 된 것은 21세기가 시작되면서부터였다. 유가가 오르기 시작한 2000년을 경제 성장의 원년으로 삼는 카자흐스탄은 그간 연평균 10%에 가까운 경제 성장을 지속하면서 '중앙아시아의 새로운 거인'으로서의 면모를 국제 사회에 각인시키고 있다.

카자흐스탄은 이제 에너지 등 자원의 새로운 공급처 역할을 할 뿐 아니라, 130개나 되는 다민족들이 화합하며 정치적 안정을 이룩하는 한편, 비에너지 부문으로의 산업 다변화를 통해 세계 50

대 경쟁력을 갖춘 국가로 발돋움하기 위해 힘차게 도약하고 있다.

한국은 카자흐스탄이 독립한 뒤 가장 먼저 투자 진출에 나선 나라 중 하나이다. 이는 아마도 자원 부국으로서 카자흐스탄의 경제적 잠재력, 우리 민족의 시원으로 알려진 알타이 지역에 대한 향수, 10만에 달하는 고려인의 존재가 우리 기업인들의 사업가 정신과 호기심을 자극한 결과인 듯싶다. 그러나 카자흐스탄은 이제 그 경제적 · 전략적 중요성이 점점 부각되면서 국제 사회 주요 국가들이 적극적으로 진출을 모색하는 나라가 됐고, 우리에게도 단순한 심정적 접근보다는 체계적인 연구를 통해 협력 방향을 찾아가야 할 전략적 동반자로 떠오르고 있다.

최근 카자흐스탄에 대한 우리나라 각계의 관심이 높아지고는 있지만, 기본적인 이해나 인식은 아직 미흡한 것이 사실이다. 이 책은 중앙아시아의 중심국으로 급격히 부상하고 있는 카자흐스탄의 정치, 경제, 문화 등 모든 분야에 대한 본격적 연구가 개시되기를 기대하면서 우선 이 나라의 이모저모를 간략하게 소개하여 카자흐스탄과 여러 부문에서 협력을 추진하는 모든 분들에게 조금이라도 도움이 됐으면 하는 목적으로 만들어졌다.

이 책의 출간을 흔쾌히 도와주신 문봉장학회 김병학 이사장 님께 진심으로 감사를 드리며, 또한 각자 전문분야에서 집필을 맡아 준 주카자흐스탄 대사관 직원, 한국석유공사, 대한광업진흥공사, 대한무역투자진흥공사(KOTRA), 한국국제협력단 그리고 재카자흐스탄 동포 사회 여러분의 수고에 고마운 마음을 전한다.

2008년 2월

주카자흐스탄 대사 김일수

Kazakhstan

차례

3장 고려인

4장 | 카자흐스탄의 이모저모

1장

카자흐스탄은 어떤 나라?

1

카자흐스탄의
위치

🔵　카자흐스탄은 구소련공화국 중 하나였다가 1991년 독립한 신생국이다. 면적은 남한의 26배로 세계에서 아홉 번째로 큰 나라이고, 인구는 한국의 3분의 1이 채 안 되는 1,530만에 불과해서 호주, 캐나다와 함께 인구 밀도가 세계에서 가장 낮은 나라 중하나이다. 카자흐스탄은 국토의 상당 부분이 불모지에 가까운 스텝 지대이고 사람이 거주하는 지역은 국토의 가장자리에 흩어져 있어 중앙에 불모지를 두고 해안선에 인구가 주로 사는 호주, 캐나다와 유사한 자연 환경을 가졌다.

　독립 이후 10여 년간 카자흐스탄의 인구는 유럽계(주로 러시아, 독일인)가 빠져나가는 현상이 지속되어 점차 감소하다가 경제가 연 10%에 육박하는 성장을 시작하는 2000년을 기점으로 인구 감소율이 줄어들어 2002년부터는 인구가 연 1%씩 늘어나고 있다.

카자흐스탄에는 130개에 가까운 다민족이 살고 있는데 카자흐인이 절대 과반수인 57%, 러시아인이 27%이고 그 외 우크라이나, 우즈베크, 독일, 타타르, 위구르인에 이어 10만의 고려인이 아홉 번째로 큰 소수민족 집단을 이루고 있어 우리와도 연관이 많은 나라다.

카자흐스탄은 멘델레예프의 주기율표에 나오는 화학 원소가 거의 망라되어 있을 만큼 자원의 보고이다. 또한 원유와 가스가 풍부히 매장되어 있는데, 텅스텐의 매장량은 세계 1위이며 우라늄과 크롬은 세계 2~3위의 매장량을 자랑한다. 그 밖에 카자흐스탄은 국토의 대부분이 스텝 지대와 산악 지대으로 되어 있지만, 일본의 전체 면적과 비슷한 38만km²의 경작지를 보유하고 있어 연간 1,500만 톤 정도의 밀 등 곡물을 생산하는 세계 10대 식량 수출국이기도 하다.

카자흐스탄이 지닌 또 하나의 중요성은 전략적 위치이다. 카자흐스탄은 북으로는 러시아, 동쪽으로는 중국, 그리고 남으로는 우즈베크, 키르기스스탄, 투르크메니스탄과 국경을 같이하고 있고, 서쪽 국경은 카스피해에 연하고 있어 바다를 통해 아제르바이잔, 이란과의 교통로가 열려 있다. 실크로드의 북로를 이루고 있던 카자흐스탄 서북쪽에 위치하는 우랄스크는 우랄산맥의 남단으로 아시아와 유럽을 잇는 교통의 요충이다. 이러한 지리적 특성

:: 전통시장 전경

에 카자흐 민족 특유의 외부 문화에 대한 개방성과 관용성이 더해 져 카자흐스탄은 동서를 잇는 새로운 실크로드로 등장하고 있다. 카자흐스탄의 새로운 수도 아스타나에 새로 설립된 대학이 유라 시안 대학(Eurasian University)으로 명명된 것은 동서 간 교량으 로서의 역할을 자임하는 카자흐인의 의식을 반영한다.

국제 원유가가 오르기 시작한 2000년이 연 10%에 육박하는 카 자흐스탄 경제 성장의 사실상 원년이었고, 그 이후 매년 10%에 가까운 경제 성장을 거듭하여 카자흐스탄의 1인당 소득은 2007년 말 현재 구소련 CIS(Commonwealth of Independent States) 국가 중에는 러시아에 이어 두 번째로 높은 7,000달러를 기록했다. 아직 개발 준비 단계인 카스피해의 해저 유전 생산은 2013~14년경 본격화할 전망이고, 2015년까지는 현재 일산(日産) 130만 배럴인 산유량이 약 300만 배럴이 넘을 예정이어서 앞으로 15~20년간 경제 성장 잠재력은 막대하다는 것이 전문가들의 일치된 견해다. 그래서 이미 카자흐스탄을 소위 미래의 이머징 마켓을 지칭하는 BRICKS(Brazil, Russia, India, China, Kazakhstan, South Africa)의 일원에 포함하는 이도 있을 정도다.

자원 부국이라고 해서 고민이 없는 것은 아니다. 소위 네덜란드병(Dutch Disease)은 석유 등 지하 자원 한 가지에 과다하게 의존하여 경제가 급성장할 경우, 자원 수출로 과도한 외화가 유입되어 실질 환율이 상승해 제조업과 같은 여타 부문의 국제 경쟁력을 해치고, 결과적으로는 국가 경제가 자원 일변도의 불균형적인 양상을 보여 한정적인 자원이 고갈될 경우 더 이상의 경제 발전이 어려워지는 현상을 일컫는다. 카자흐스탄은 이러한 자원 부국이 빠지기 쉬운 함정의 위험성을 잘 깨닫고 있는 나라이다. 카자흐스탄은 에너지 자원에서 얻어지는 수입을 각종 국가 기금에 축적하여 원유가가 내리거나 자원이 고갈되는 미래에 대비하는 한편, 경쟁력 있는 제조업 등을 선정하여 산업의 다변화를 꾀하고 있다.

카자흐스탄의 국가 발전 계획의 화두는 2015년까지 WEF(World Economic Forum) 기준 세계 50대 경쟁력 국가 진입이다. 2006년에 카자흐스탄은 이미 WEF 기준 경쟁력 순위가 세계 56

위로 러시아를 크게 앞서고 있었으나 최근 금융 위기로 2009년 순위는 74위로 하락했다.

한 기자 회견에서 카자흐스탄의 나자르바예프 대통령은 이미 카자흐스탄의 경쟁력 순위가 목표치에 근접했는데도 왜 2015년 까지 50대 경쟁국 진입을 화두로 삼는지에 대한 질문에, 국가 경쟁력이라는 것은 자원 등 특정 부문의 발전만으로는 이룰 수 없으며 다변화된 산업 구조를 발전시켜야만 달성 가능한 것이라고 하면서, 아직 카자흐스탄이 목표를 이루기 위해서는 해야 할 일이 많다고 답변했다. 이 나라 지도층의 현실 감각이 돋보이는 대목이었다.

카자흐스탄은 2008년부터 시작된 국제 금융 위기와 원유 등 원자재 가격의 동반 하락으로 어려움을 겪고는 있다. 그러나 중앙아시아 전체 GDP의 70% 이상을 차지할 만큼 갖춘 카자흐스탄이 에너지 부문뿐만 아니라 IT, 금속, 석유화학, 식품가공, 건설, 금융, 관광, 물류 등의 산업을 고루 발전시켜 향후 10년 이내 세계 50대 경쟁력 국가로 진입하는 것은 무리한 꿈만은 아닌 것 같다.

2

카자흐인의
기원과 역사

카자흐스탄의 원주민인 카자흐인의 역사는 복잡하기 그지 없다. 카자흐스탄 땅에서 오랜 세월에 걸쳐 100여 개의 씨족과 종족과 민족의 운명이 교차했기 때문이다. 현 카자흐 민족의 직접 조상은 기원전 1세기경 현재의 카자흐스탄 영토에 정착한 터키계와 몽골계 종족이다. 카자흐스탄 땅에 들어온 터키계 종족은 선주민이었던 유럽계 스키타이 등의 종족들과 섞였고 거기에 13세기 몽골군이 침입한 이후 몽골계 요소가 새로이 더해져 현재의 카자흐인이 형성되었다. 학자들에 따르면 기원 전후 카자흐인에게는 유럽 인종적 요소가 70%를 차지했는데, 지금은 반대로 터키 및 몽골 인종적 요소가 70%를 차지하고 있다고 한다.

카자흐인의 민족적 기원이 복잡한 만큼 '카자흐'란 명칭이 언제 나타났는지도 명확하지 않다. 카자흐인에 관한 최초의 주목할 만한 정보는 11세기 터키의 서한문에 기록되어 있다. '카자흐'라는 명칭의 어원에 관해서는 오랫동안 학자들 사이에 논쟁이 있었지만, '카자흐'란 자기의 종족에서 떨어져 나와 생활하는 사람을 지칭하며, 나중에는 독립적 생활을 영위하는 자유인을 뜻하는 말이 됐다는 것이 통설이다.

　카자흐인들은 오랫동안 통일 국가를 형성하지 못하고 드넓은 땅에서 느슨한 몇 개의 세력권으로 나뉘어 있었다. 그러다가 1219년 몽골제국이 카자흐스탄을 점령하여 차카타이한국(汗國)이 세워지면서 카자흐스탄 지역에 거주하던 주민들을 카자흐인으로 통칭하게 됐다.

　이후 카자흐 영토에는 15세기경 카자흐인이 주축이 된 카자흐한국이 출현했고, 이후 대올다(Great Horde, 카자흐 남부), 중올다(Middle Horde, 카자흐 중북부), 소올다(Little Horde, 카자흐 서부)로 분열되어 호족들이 할거하는 양상을 보였다. 3개 올다는 18세기 중엽 동쪽으로부터 몽골계 민족인 중가르족의 침입을 받아 러시아 황제에게 보호를 요청하면서 점차 러시아의 영향권에 들어가게 됐다. 1700년대 초 피터대제 시대부터 중앙아시아 경략을 시작한 러시아는 코사크 기병대를 앞세워 알타이 지역과 톈산 지역에 현재의 알마티를 비롯한 지역에 국경 요새를 건설했고, 1860년대에 이르러서는 카자흐스탄 땅을 러시아제국에 편입했다.

:: 전통 의상

    1917년 러시아혁명 후 카자흐스탄은 공산당의 민족 정책에 따라 1923년 자치공화국이 됐다가 1936년 연방공화국으로 승격됐다. 소련시대에도 카자흐인의 민족 의식은 살아 있었다. 1986년 소련 당국이 카자흐스탄과 전혀 연고가 없던 볼가 지역 출신 당 서기장 콜빈(Kolbin)을 카자흐스탄공화국 서기장으로 임명하자 카자흐인들은 알마티에서 반대 시위를 벌였다. 평화적 시위로 시작된 집회는 소련 당국의 경찰을 동원한 강경 진압으로 수 명의 사망자와 수백 명의 부상자를 남겼고, 카자흐인의 신망을 잃은 콜

빈은 3년 후 나자르바예프에게 카자흐스탄공화국 당 서기장 자리를 물려주어야만 했다.

1991년 8월 모스크바에서 쿠데타가 발생하고 소연방의 해체가 가시화되는 가운데 나자르바예프 서기장은 독립을 앞둔 소연방공화국들의 결집을 주도했다. 1991년 12월 21일 알마티에서 소련의 해체와 CIS 결성을 선언하는 조약이 서명됐다. 뒤이어 1991년 말 카자흐 민족이 건설한 최초의 주권국가인 카자흐스탄공화국이 탄생했다.

카자흐스탄이 위치한 지역은 세계 역사의 주요 흐름에서 소외된 곳이었다. 세계 최초의 제국이었던 알렉산더 군대의 인도 경략 진출로는 카자흐스탄을 살짝 비켜갔고, 그 시대 카자흐스탄의 주인이었던 스키타이 문명은 이제는 그 자취만 남아 있다. 그 이후 투르크족, 위구르족, 몽골족 등이 이 지역에서 명멸해갔고 러시아제국과 소련은 카자흐스탄을 외부와의 접촉에서 단절시켜 '믿을 수 없는' 민족들의 유배지화하기도 했다. 이제 세계 역사 흐름의 주역 중 하나로 떠오르는 카자흐스탄의 탄생은 분명 역사적 사건이다.

3

정치 제도

카자흐스탄은 대통령 중심제를 채택한 공화국이다. 대통령은 직접 선거를 통해 선출되며 현 대통령은 누르술탄 나자르바예프(Nursultan Nazarbayev) 대통령이다. 대통령의 임기는 7년이고 2기까지 연임이 가능하나 2007년 5월 헌법 개정을 통해 초대 대통령인 나자르바예프 대통령에 한해서는 연임 제한 규정을 철폐했다. 이에 나자르바예프 대통령은 2005∼2012년까지의 현재 임기를 마친 후에도 다시 대통령 선거에 출마할 수 있게 됐다. 또한 2007년 개정헌법은 7년인 대통령의 임기를 5년으로 단축했다.

카자흐스탄의 국부(國父)로 존경받는 나자르바예프 대통령은 카자흐스탄이 소련공화국이었던 시절인 1990년과 독립 이후인

1995년, 그리고 2003년 그리고 2010년 네 차례나 한국을 방문할 정도로 우리에 대한 관심이 높다. 우리 쪽에서는 2004년 노무현 대통령이, 2009년 5월에는 이명박 대통령이 카자흐스탄을 방문했다.

:: 의회

의회는 상하원 양원제이다. 상원(Senate)은 카자흐스탄 14개 주와 2개 특별시(아스타나, 알마티) 등 16개 지역구에서 지방 의회의 간접 선거로 각 2명씩 직접 선거로 선출되고, 대통령이 7명을 임명하도록 하여 총 39명이었으나 2007년 개정 헌법으로 대통령의 임명 지분이 민족 회의 대표를 포함한 15명으로 확대되어 상원 의원 총원은 47명이 됐다. 하원(Majlis)은 지역구에서 67명, 비례 대표제로 10명이 선출되어서 모두 77명이었으나, 2007년 개헌으로 98명을 전원 정당 명부에 의한 비례 대표제로 선출하게 됐고 여기에 민족 회의 대표 9명이 추가되어 하원의 전체 규모는 107명이 됐다.

2007년 개정 헌법에서는 총리를 하원의 다수당이 인선하여 의회의 동의를 거쳐 대통령이 임명하도록 했고, 내각은 총리가 구성, 제청권을 행사토록 하는 등 의회 내 다수당과 총리의 역할을

:: 알마티 시청

확대했다.

　지방의회는 직접 선거로 선출하는데 2007년 개정 헌법을 통해 광역 자치 단체장인 주지사는 대통령이 총리의 제청으로 지방의회의 동의를 거쳐 임명하도록 하여 지방 의회의 권한을 강화했고, 기초 자치 단체장인 시장, 군수의 3분의 1은 지방 의회가 간접 선거를 통해 선출하도록 하는 등 선거에 의한 지방 자치 단체장 선출 제도가 확대되고 있다.

　민족 회의는 다민족 국가인 카자흐스탄이 민족 간의 갈등을 막고 국정 운영에 소수민족 대표의 의견이 반영되도록 하는 장치로

1995년 창설되어 대통령이 의장이며 대통령에 대한 자문역을 하는 헌법 기구로서 지위를 갖고 있으며 고려인 대표도 민족 회의의 일원이다. 2007년 개정 헌법으로 민족 회의가 상원과 하원에 각각 8명과 9명의 대표를 보낼 수 있게 되어 소수 민족 출신이 상하원에 진출할 수 있는 여건이 개선됐다.

카자흐스탄은 소련 해체 이후 독립한 CIS제국 중 전쟁이나 인종 간의 갈등을 겪지 않은 거의 유일한 국가로서 정치적 안정을 누리고 있다. 약 4,500개 달하는 NGO가 활동하고 100여 개의 독립 언론이 있는 등 시민 사회로 진입하는 데 필요한 저변이 확대되고 있다.

2006년 1월부터 국가민주개혁위원회를 구성하여 정부 형태에 대한 검토, 의회의 권한 강화, 지방 자치의 확대, 정당의 기능 활성화, 선거법, 언론법 개정 등의 조치를 취해온 결과, 2007년 5월 위원회의 의견을 수렴한 개헌이 이뤄졌다. 카자흐스탄은 또한 사형 제도를 사실상 폐지하여 국제적인 인권 기준에 부합하는 사회 분위기를 조성하려는 데 의욕을 보이고 있기도 하다.

나자르바예프 대통령은 카자흐스탄의 경제 수준이 이제는 정치적 자유화를 본격적으로 도입할 수 있는 시점에 이르렀다고 판단하여 2007년 5월 개헌을 통해 의회의 기능을 확대하고, 야당의 정치 참여 기회를 보장하는 방안으로 하원 선거에 비례 대표제를 도입하여 야당으로부터도 환영을 받았다. 우리의 민주화가 1987년 국민 1인당 소득 약 4,000달러 시대에 본격적으로 이루어진 것을 감안하면 카자흐스탄도 우리와 비슷한 과정을 밟아가고 있는 것이다.

2007년 5월 개헌 내용 중 초대 대통령에 대한 연임 제한 철폐는 국제 언론의 비판 대상이 되기도 했다. 하지만 대다수의 카자흐스탄 국민은 정치적 안정을 이루는 가운데 경제 발전이 가능하다고 여기며 나자르바예프 대통령의 연임 가능성을 반기는 분위기다.

카자흐스탄은 2015년까지 1인당 국민소득 2만 달러 시대를 열어나간다는 경제 발전 계획을 추진하는 한편, 국민의 전반적 생활 수준이 높아짐에 따라 본격적으로 대두될 민주화 욕구에 대비하여 정치 자유화를 진행해가는 지혜를 발휘하고 있다.

4

외교 정책

카자흐스탄은 러시아, 중국, 키르기스스탄, 우즈베키스탄 및 투르크메니스탄과 접경하여 있다. 러시아와는 7,500km에 달하는 국경, 인구의 27%를 점하는 러시아계 국민, 카자흐스탄산 에너지 자원의 대외 수송로가 대부분 러시아를 경유하는 등의 요인으로 뗄 수 없는 밀접한 관계를 맺고 있고 양국 정상이 매년 열 차례가 넘는 공식, 비공식 접촉을 할 정도로 긴밀한 관계에 있다.

그러나 카자흐스탄은 러시아와의 관계를 중요시하면서도 원유, 가스, 광물 등 풍부한 천연 자원을 기반으로 중국, 미국, EU 등과 전방위 외교(multi-vector diplomacy)를 추진한다. 중국과는 송유관을 연결하여 에너지 수출 경로의 다변화를 꾀했고 투르크메니스

:: 국기

탄, 우즈베키스탄, 카자흐스탄, 중국을 잇는 가스관 건설도 2009년 완공되었다. 중국은 자원의 확보, 중국 신장과 카자흐스탄에 거주 위구르 민족의 분리 독립 운동 억제를 위한 협력 필요성 등을 감안하여 카자흐스탄과의 관계를 중시하고 있다.

카자흐스탄은 1991년 소련이 해체되자 갑자기 1,000여 개의 핵탄두를 가진 세계 4위의 핵 보유국이 됐다. 그러나 카자흐스탄은 1990년 세미팔라틴스크의 핵 실험장을 폐쇄한 데 이어 1992년 우크라이나, 벨로루시와 함께 핵 보유국으로서는 처음으로 핵무기를 자진 포기했다. 카자흐스탄 등 CIS 3국은 미국과 러시아로부터 안전을 보장받고 미국으로부터 핵무기의 해체와 이관에 필요한 재정 지원을 받는 조건으로 핵 보유국의 지위를 포기한 것이다. 핵 실험장의 폐해를 직접 경험한 카자흐스탄은 자발적으로 비핵화의 길을 선택했고 현재도 핵 비확산에 적극적 입장이다. 2006년 9월에는 중앙아시아 5개국 외무장관이 카자흐스탄의 세미팔라틴스크에 모여 중앙아시아 비핵화 조약에 서명하기도 했다. 카자흐스탄과 우크라이나의 핵무기 포기 방식을 우리의 북한 핵문제 해결에 모델로 적용하는 것을 검토해야 한다는 논의도 있을 정도니 카자흐스탄의 핵 포기 결단은 우리와도 연관이 있다.

이런 핵무기 포기 과정을 거쳐 카자흐스탄은 미국과 비확산 분야에서 유대를 형성했고 미국과의 협조는 카자흐스탄이 2003년 이라크 전에 중대 규모의 평화 유지군을 파병하고 9 · 11 이후인 2001년 12월 아프간 전쟁 당시 미군기에 영공 통과권을 부여하는 한편, 아프간 재건 사업에 적극 참여하는 정책으로 이어지고 있다.

미국도 카자흐스탄이 에너지 등 주요 자원 보유국이며 아프가니스탄의 안정과 테러의 확산 방지 등 중앙아시아에서의 안보 유지에 긴요하다는 점에 주목하여 카자흐스탄과의 관계를 전략적 동반자로 규정할 만큼 중시하고 있다.

실제로 카자흐스탄은 무슬림 국가이면서도 다른 종교에 대해 관용의 폭이 넓고 국민 대다수가 급격한 경제 성장의 결실을 향유하며 생활이 향상되고 있어 이슬람 과격 원리주의자들이 뿌리를 내리지 못하는 나라로서 중앙아시아의 평화와 안정을 확산하는 역할을 넓혀가고 있다.

카자흐스탄은 우즈베키스탄, 키르기스스탄 등과 접경한 남부 국경의 안정에 주의를 기울이면서 경제적 발전과 국제적 위상 강화를 발판으로 중앙아시아 연합 구성을 주창하며 중앙아시아의 안정과 발전에 중심적 역할을 수행하려 하고 있다.

카자흐스탄의 중앙아시아 중심국으로서의 위상은 여러 면에서 부각된다. 나자르바예프 대통령은 2006년 푸틴 대통령의 뒤를 이어 CIS 의장직을 맡기도 했는데, 이는 카자흐스탄에 대한 러시아의 신뢰를 반영한 것으로 볼 수 있다.

우즈베키스탄은 중앙아시아 국가 중 최대 인구를 가진 나라로서 카자흐스탄과 경쟁 의식이 높다. 그러나 우즈베키스탄도 카자흐스탄이 경제적 · 정치적으로 급격하게 부상하자 카리모프 대통령이 이례적으로 2006년에만 두 번이나 카자흐스탄을 방문했으며, 인근 키르기스스탄은 카자흐스탄의 본격적인 경제 진출 대상이 되고 있다.

또한 카자흐스탄은 인도, 파키스탄, 이란, 아프가니스탄 등과의 관계도 중시하여 장차 카자흐스탄 이남 지역의 안정화를 통한 에너지 자원 수송로의 다변화에 준비하려는 동향도 눈에 띈다.

최근에는 이집트, UAE, 카타르, 요르단, 시리아 등 중동 국가와 같은 이슬람 국가로서의 유대를 근간으로 빈번한 정상 교류를 통해 중동으로의 곡물 수출, 경제, 안보, 정보 분야에서의 협력을 발전시키면서 국제 무대에서 발언권을 확고히 하기 위한 동향을 보인다. 2011년에는 이슬람회의기구(Organization of the Islamic Conference, OIC)의 외교장관회의장국을 수임할 예정이다.

:: 좌_ 세계종교회의 대표단 :: 우_ 국가 상징물

　카자흐스탄은 신생 독립국이면서도 1993년부터 아시아 교류와 신뢰구축회의(Conference on Interaction and Confidence-Building Measures in Asia, CICA)를 주도하여 현재는 그 회원국이 러시아, 중국, 인도, 파키스탄, 이란, 터키 등 20개국에 달한다. 2002년부터 4년마다 카자흐스탄에서 정상 회의가 열린다. 한국은 2006년 18번째로 CICA 정상회의에 정회원국으로 가입하여 중앙아시아와 유라시아 안정을 위한 카자흐스탄의 외교 노선을 지지하는 한편, 유라시아 신뢰 구축 과정에 적극 참여하고 있다.

　카자흐스탄은 세계 종교, 문명 간의 갈등 해소와 이해 진작을 위해 주도한 세계 종교지도자 회의를 2003년부터 3년마다 개최한다. 2006년도 2회 회의는 때맞추어 완공된 평화와 화합 피라미드에서 개최되기도 했고 우리나라 대표도 참석을 했다. 이외에 카자흐스탄은 세계 언론 대표들의 연례 모임인 미디어 포럼을 언론인 협회 주최로 매년 개최하며, 이 포럼에는 CNN 등 세계 주요 언론들이 대표를 파견하고 있다. 2007년 5월에는 UNESCAP 회의가 알마티에서 열리기도 했다.

특히 카자흐스탄은 유럽안보협력기구(Organization for Security Cooperation in Europe, OSCE)의 2010년 의장직을 맡으면서 국제 사회의 주목을 받고 있다. 인권과 민주주의 창달을 목표로 유럽 모든 나라와 미국 등 50여 개국이 참가하는 권위 있는 국제 기구를 주재하게 되기까지에는 우여곡절도 있었다. 권위주의적 정치 체제를 유지하면서 인권 보호와 민주주의의 발전 정도가 국제 기준에 못 미치는 국가가 OSCE 의장을 맡는 것이 시기상조라는 지적이었다. 그러나 카자흐스탄이 빠른 경제 성장을 바탕으로 국내적 정치 안정을 이루면서 민주화를 향해 올바른 방향으로 전진하고 있다는 평가가 우세해, 결국 카자흐스탄은 구소련 공화국 중에서는 처음으로 권위 있는 국제기구의 의장직을 맡는 영광을 누리게 되었다. 일부에서는 카자흐스탄이 석유, 가스, 광물 등 자원 부국이라는 점에 대한 미국, 유럽연합 등의 실리적 고려가 카자흐스탄의 OSCE 의장국 자격 부여에 실제적 배경이라는 비판을 하기도 한다.

카자흐스탄은 해외 공관망 확대, 1년에 20여 차례의 대통령 해외 순방, 그보다 많은 횟수의 외국 정상 방문 유치, 각종 국제 행사의 주최와 유치를 통해 외교에 힘을 쏟고 있고, 《인터내셔널 헤

럴드 트리뷴》,《파이낸셜 타임스》,《포린 어페어스》 등 권위 있는 해외 언론과 잡지에 카자흐스탄 특집을 정기적으로 게재하여 카자흐스탄의 실상을 해외에 알리는 데 노력을 기울이고 있다.

카자흐스탄의 수도인 아스타나에 가보면 대통령 궁을 중심으로 외교부와 국방부가 각각 좌우에 독립 청사를 갖고 위치해 있어 신생 독립국으로서 카자흐스탄이 외교와 국방에 어느 정도 중요성을 부여하고 있는지를 가늠케 한다.

5

중앙아시아 지역 협력과
국제 외교

1990년대 초 소련의 해체로 중앙아시아에는 카자흐스탄, 우즈베키스탄, 키르기스공화국, 타지키스탄, 투르크메니스탄 등 5개의 공화국이 탄생했다. 이들 5개국은 구소련의 일부였던 정치적 역사를 같이 하면서 러시아어를 구사하며 인종적으로는 이란계인 타지키스탄을 제외하면 모두 터키계로서 사용하는 토착 언어가 서로 비슷한 공통점을 갖고 있다.

그런 연고로 이들 국가들은 기본적으로는 러시아가 주도하는 CIS(Commonwealth of Independent States)의 회원국이면서 정치, 경제적 상호 의존성을 살려 러시아가 참여하는 유라시아경제공동체(Eurasian Economic Community, EurAsEc)를 구성하고 있기도 하다. 또한 중국, 러시아 주도하에 2001년 출범한 SCO(Shanghai Cooperation Organization)는 카자흐스탄을 비롯한 중앙아시아 국가들을 포함하여 지역 내 안보와 경제 협력을 추진하는 기구로서의 기능을 하고, 러시아는 CSTO(Collective Security Treaty Organization)를 통해 중앙아시아 국가들과 단일 방공망 구축, 마약, 테러 방지를 주목표로 2003년부터는 합동 군사 훈련을 실시하면서 NATO의 영향력 확대를 견제하는 데 활용하는 정책을 추진하고 있다.

> 유라시아경제공동체(EurAsEc)의 회원국은 러시아, 벨로루시, 카자흐스탄, 우즈베키스탄, 키르기스스탄, 타지키스탄, 우크라이나인데, 그중 우크라이나는 유럽과의 연계를 강화하기 위한 활동에 소극적인 편이다. SCO는 러시아, 중국, 카자흐스탄, 키르기스스탄, 타지키스탄 등 과거 중·소 국경을 공유했던 나라들로 구성됐다가 2001년 우즈베키스탄이 가입했다. CSTO에는 러시아, 벨로루시, 아르메니아와 함께 중앙아시아의 카자흐스탄, 키르기스스탄, 타지키스탄 등이 참여하고 있다.

반면, 미국은 2001년 아프가니스탄 전쟁을 계기로 키르기스스탄에 공군 기지를 유지하고 있으며, 카자흐스탄 등과 대테러와 마약 대처를 위한 소규모 합동 군사 훈련(Steppe Eagle)을 정례화하는 등 중앙아시아에서의 전략적 입지를 다지려는 동향을 보인다.

EU도 독일이 의장국이었던 2007년 상반기에 중앙아시아 진출 전략을 수립하여 중앙아시아와 전반적 협력 강화, 가스 등 자원 도입을 위한 전략 수립에 고심하고 있다. 일본은 중앙아시아 5개국과 2004년부터 'Central Asia Plus Japan' 대화 체제를 출범시켜 정치, 경제, 지역 협력, 문화, 지식인 간 대화 등 분야에서 협력을 강화하려는 움직임을 보인다.

역사적으로 아프가니스탄을 포함하는 중앙아시아는 19세기 인도와의 교통로에 러시아의 진출을 배제하려는 영국과 부동항을 찾아 남으로 팽창하려는 러시아 사이의 소위 그레이트 게임(Great Game)의 장이었고 이제는 카자흐스탄을 비롯한 카스피해 연안국의 에너지 자원과 그 운송로에 영향력을 확보하려는 주요 국가들 간의 뉴 그레이트 게임이 벌어지고 있는 곳이다. 뉴 그레이트 게임은 중앙아시아 국가들이 주권 국가로서 주도적인 참여를 하고 있다는 점에서 19세기의 그레이트 게임과 구별된다. 그러나 소련 이해체된 이후 새로이 국제 사회에 독립 변수로 등장한 중앙아시아가 갖는 동서 통로로서의 전략적 중요성이 다시 부각되고 여기에 이 지역에서 발견되고 있는 에너지 등 풍부한 자원이 주요국 간 경쟁의 대상으로 더해지고 있다는 면에서 그 게임의 양상은 이 19세기를 연상시키면서도 더욱 복잡한 형태로 전개되고 있다.

중앙아시아 국가들은 원유, 가스 등 자원의 새로운 공급처로서, 그리고 동서를 잇는 교통로로서 중앙아시아가 차지하는 지정학적 중요성이 높아짐에 따라 이를 주요 국가들과의 대외 관계에 활용하는 한편, 국가 간 협력을 강화하여 지역 경제 공동체로서의 역량을 키워가려는 움직임을 보이고 있다.

특히 카자흐스탄은 유라시아경제공동체를 근간으로 EU를 모델로 하는 유라시아경제연합(Eurasian Economic Union) 추진을 제안하여 러시아, 벨로루시와 중앙아시아를 포함하는 경제적 통합에서 선도적 역할을 자임하고 있다. 그러나 중앙아시아 국가들 간 국경 및 수자원 문제를 중심으로 한 상호 갈등, 경제력의 격차, 상호 경쟁적인 경제 구조 등이 중앙아시아 내 지역 협력 진전에 장애가 되고 있다. 이런 상황에서 중앙아시아 경제 통합 등 지역 협력에서 배제하기 어려운 러시아와 가장 돈독한 관계를 맺고 있고, 성장하는 경제력을 바탕으로 중앙아시아 지역 협력의 구심점으로 가장 유리한 위치에 있는 카자흐스탄이 앞으로 유라시아 경제 연합을 추진하는 데 어떤 역할을 할지가 주목된다.

한국은 중앙아시아 지역과의 정상 외교를 활성화하여 노무현 대통령이 2004~5년에 걸쳐 카자흐스탄, 우즈베키스탄, 투르크메니스탄, 아제르바이젠과 정상급 교환 방문을 했다. 정상 외교의 전통은 이명박 대통령의 2009년 우즈베키스탄, 카자흐스탄 방문, 그리고 양국 대통령의 2010년 한국 답방으로 이어지고 있다.

우리는 2006년 카자흐스탄이 주도하는 아시아 교류와 신뢰 구축 회의(CICA)에 정회원국으로 가입하여 카자흐스탄 및 중앙아시아 국가들과의 관계 증진에 진일보했다. 또한 2007년부터는 우리 정부 주도로 중앙아시아 5개국과 정부, 경제계, 학계 인사가 참여하는 중앙아시아 협력 포럼을 매년 개최하여 중앙아시아와 범지역적 · 개별적 차원의 협력 방안을 모색하고 있다.

중앙아시아에 거주하는 30만이 넘는 고려인들은 우리와 중앙아시아 국가들을 연결해 주는 교량으로서 우리에게 소중한 외교 자산이다. 동양적 문화 정서, 우랄 알타이 어족으로서 갖는 언어적 연계성도 우리와 중앙아시아 국가들의 관계를 가깝게 하는 데 한 몫을 한다. 강대국에 둘러싸인 지정학적 현실이 비슷하다는 점도 우리와 중앙아시아 국가들이 서로에게 공감하면서 국제 무대에서 협력할 수 있게 하는 근거가 된다.

중앙아시아 국가들이 한국과의 협력에 대해 갖는 기대는 높다. 특히 경제 발전이 당면 과제인 이 지역 국가들은 한국이 이룬 경제 성장 경험에 높은 관심을 보인다. 각 나라 특성에 맞는 경제 발전 경험의 전수와 공유를 보다 체계적으로 하기 위해서는 중앙아시아 지역에 대한 본격적인 학문적 연구가 필요하다. 이런 면에서 최근 우리 국내 대학들 중 중앙아시아 학과가 설치되고 있는 것은 반가운 일이다.

중앙아시아는 바야흐로 고유가 시대에 새로운 에너지 공급원으로서, 또한 과격한 회교 원리 주의와 테러리즘의 확산을 방지하는 데 중요한 국제 안보적 가치를 갖는 지역으로 떠오르고 있다. 우리에게도 중앙아시아는 중요한 경제 협력의 파트너로서 국제 무대에서 서로 지지해줄 수 있는 지역 기반으로서 우리 외교의 새로운 '블루 오션'으로 다가오고 있다.

6

카자흐스탄에도
해군이 있다?

카자흐스탄에도 물론 해군이 존재한다. 카자흐스탄 해군과 관련하여 재미있는 일화가 있다. 2006년 2월 13일 한국이 카자흐스탄으로 이양하는 해군 함정 인수 교육을 위해 카자흐스탄 해군 승조원들이 한국을 방문할 당시, 알마티 국제 공항에서 출국 수속을 하는 가운데 이민국 직원이 여권에 적혀 있는 군인의 계급과 군종을 보고 의아해하면서 "카자흐스탄에도 해군이 있습니까?" 하고 질문했다는 웃지 못할 이야기가 실제로 일어난 적이 있다. 아마도 카자흐스탄 국민들이 워낙 육지가 넓고 바다가 없다고 생각하면서 살다보니까 이민국 직원조차도 카자흐스탄에 해군이 있다고 생각하지 않았기 때문에 생긴 일화라고 하겠다.

카자흐스탄 해군은 여타 국가들과 달리 카스피해라는 내해에서 활동하고 있다. 카스피해는 남북으로 길이가 1,200km에 이르고 최고 수심은 1,025m(북쪽은 50m, 중간 지역은 500m)이며 전체면적은 37만 1,000m²인 매우 큰 호수이다. 볼가강과 우랄강이 흘러드는 호수 북쪽의 염도는 2~3%이고 남쪽은 13%에 달해 실제로 바다라고 할 수 있다. 물론 카스피해는 바다와 강에서 서식하는 모든 종류의 어류가 서식하고 있다.

중요한 것은 카스피해가 국제법상으로 바다인지 호수인지가 아직 정해지지 않았기 때문에 카스피해로 불러야 할지 카스피호로 불러야 할지 애매하며, 어떻게 정해지느냐에 따라 인접 국가들의 권리 관계가 달라진다. 더구나 카스피해에 매장되어 있는 막대한 원유 자원으로 인해 러시아, 이란 등 카스피해 주변국들 간의 이해 관계가 복잡하게 얽혀 있어 카자흐스탄은 자국이 이익 보호를 위해 해군을 필요로 한다는 것이다.

카자흐스탄은 그동안 원유 자원의 수출 다변화를 모색하는 과정에서 카스피해를 통한 원유 수출망 확보를 추진하면서, 원유 수출로 보호를 위해 해군 육성도 함께 추진해왔으며, 이에 한국은 2006년 3척의 퇴역 고속정을 카자흐스탄 해군에 지원했고, 그 뛰어난 성능이 카자흐스탄 지도부의 찬사를 받고 있다. 이를 계기로 향후 한국과 카자흐스탄 양국 간 방산 및 군사 부문의 협력도 더욱 긴밀해질 전망이다. 가까운 시일 내에 카자흐스탄 해군은 한국의 신형 고속정을 도입할 전망이다.

:: 카스피해

✚ 카자흐스탄군 상식

① 병력 규모 : 카자흐스탄은 이웃 나라들과의 상당히 긴 국경선을 접하고 있다. 우선 러시아와의 국경선 길이만 해도 7,500km에 달한다. 그런데 군 규모는 현지 언론이 보도한 자료에 따르면 7만 6,000명 수준이나, 카자흐스탄 총 인구가 1,500만여 명인 점을 고려한다면 적은 수는 아니라고 할 수 있다.

② 군 복무 : 카자흐스탄의 경우 독립 이후 징병 제도에 의해 병력을 충원했으나, 2005년부터 계약에 의한 복무 제도(모병 제도)와 징병제를 혼용하고 있다. 계약에 의한 충원 목표는 2010년까지 80%이나 현재 65% 수준에 이르고 있다. 20%의 병력을 징병

제로 유지하고 있는 가장 큰 이유는 국가 비상 사태 시 신속한 동원 체제를 위해서다. 징병제와 계약직 군인의 차이는 우선 계약직에 대한 급여가 많다는 것이며, 국방부는 높은 봉급과 장기복무를 통해 군의 전문화를 기하려고 한다. 징병제로 입대한 병사의 의무 복무 기간은 1년이다.

③ 군 편성 : 카자흐스탄군은 최고 사령관인 대통령을 정점으로 국방부, 합참 예하에 육 · 해 · 공군 3개 군과 공수 부대, 포병, 후방 군수 지원 부대 등의 전문 병종 부대들로 구성되어 있다. 특히 카자흐스탄은 광대한 영토를 가지고 있기 때문에 육군은 지역 사령부 체제를 도입하여 동 · 서 · 남 · 북(아스타나)부 지역 사령부로 이루어져 있으며 합참에서 직접 지휘한다.

7

교육 제도

카자흐스탄 정부는 1997년도에 신교육법을 제정하여 현재의 교육 틀을 마련하고 2003년에는 대통령 훈령으로 '2003~2015년 교육 발전 구상 프로그램' 교육 개혁 조치를 발표하는 등 교육에 많은 관심과 노력을 기울이고 있다. 또한 최근 눈부신 경제 성장에 따라 정부는 교육 분야에 보다 많은 투자를 계획하고 있으며, 교육의 수요자 측인 학부모들도 자녀들의 교육에 대한 열의와 투자가 해마다 높아지고 있어 머지않아 교육 전반에 큰 변화와 성과가 기대된다. 아울러 우리나라와의 교육 교류도 다방면에서 더욱 활발하게 이루어질 것으로 생각된다.

유치원 교육은 현재 약 60% 정도의 아동들이 교육을 받고 있어 취학률이 높지 않은 편이나, 정부는 유아 교육의 중요성을 인식하고 최근 몇 년 동안 취학전 교육에 많은 관심을 기울이면서 앞으로 취학률을 90% 이상 끌어올리기 위해 보다 많은 재정 지원을 할 예정이다.

초·중등 교육은 공립학교인 쉬콜라의 경우 1~11학년까지 교육 과정에 따라 초등학교 과정(4년), 중학교 과정(5년), 고등학교 과정(2년)으로 나뉘어 이루어지고 있으나 2007년부터는 12학년제로 운영할 예정이다. 학교 수가 아직은 부족하여 대부분 학교가 2부제 수업을 하고 있으며, 일부 시골에서는 3부제 수업을 하는 곳도 있다. 한 학급의 학생 수는 평균 25~35명 수준이며 토요일에도 수업을 한다. 연간 총 수업 일수는 우리나라와 비슷한 34주이며 새학기는 매년 9월에 시작하여 다음해 5월에 끝난다. 모든 공립 초중고 학교가 개학일, 방학일이 동일하다.

학기 운영은 4학기제로 운영되는데 기간은 아래와 같다. 따라서 연중 방학은 4번 있는 셈이며 여름 방학은 3개월 정도로 매우 길다.

- ◆ 가을 학기 : 9월 1일~11월 4일
- ◆ 겨울 학기 : 11월 13일~12월 29일
- ◆ 봄 학기 : 1월 9일~3월 20일
- ◆ 여름 학기 : 4월 2일~5월 25일

:: 위_ 카자흐스탄 국립기술대학
:: 가운데_ 아바이 국립대학교
:: 아래_ 카자흐스탄 민족 농업 대학교

학생들은 1년에 4번, 매학기 말에 성적표를 받고 특히 9학년을 마치면 첫 번째 진급 시험을 치르는데, 진급 시험을 통과하지 못하면(5점 만점에 2점짜리 평가가 하나라도 있는 경우) 유급하게 된다. 11학년을 마칠 때에도 졸업 시험을 치르는데, 이때는 120점 만점에서 40점 이상이 되지 못하면 졸업을 할 수가 없다. 반대로 학업 성적이 우수한 학생은 학교성적심사위원회의 통과를 거쳐 1학년에서 11학년 중에 2회까지 조기 진급할 수 있는 제도도 있다.

학생들은 9학년(중학년)을 마치면 직업기술학교에 갈 것인지 정규 대학에 진학할 것인지를 결정하게 된다. 중학 과정을 마친 학생들 중에서 약 30%는 전문직업기술학교에 진학하고 나머지 70% 정도는 상급 교육 기관에 진학하고 있다.

현재 알마티에만 50여 개의 사립학교가 있으며 학모들의 교육열에 부응하여 그 숫자가 점차 늘어나는 추세다. 이들 사립학교는 현대적인 교육 시설과 우수한 교사진, 체계적인 교육 과정으로 외

표1. 카자흐스탄의 학제

나이	학교 구분		현황
1.5~6세	유치원		연령별로 3단계로 구분, 종일반
7~10세	쉬콜라	초등학교	1~4학년, 4년제
11~15세		중학교	5~9학년, 5년제, 진급 시험 치름, 직업 기술 학교로 진학할 것인지, 상급 학년으로 진학할 것인지 결정
16~17세		고등학교	10~11학년, 2년제
16~19세	직업 기술 학교		3년 또는 4년, 졸업 후 대학 2, 3학년에 편입할 수 있음
18~23세	대학 교육		4년 또는 5년(전공에 따라 다름)

국어와 수학, 물리 등을 집중적으로 교육시킬 뿐만 아니라 전인 교육을 목표로 학생들에게 다양한 과외 활동을 할 수 있도록 교육 과정을 운영하고 있다. 사립학교 졸업생들은 카자흐스탄 내의 유명 대학은 물론 영국, 미국, 독일, 러시아 등의 우수한 대학에 진학하고 있다. 따라서 사립학교의 수업료가 월 평균 300~500달러 정도로 매우 비싼 편인데도 입학 경쟁률이 매우 높다.

한편, 성적은 우수하나 비싼 학비 때문에 사립학교로 보낼 수 없는 학부모들은 일반 공립학교에 비해서는 학비가 다소 더 들지만 교육 시설과 교육 과정 면에서 좀더 체계적이고 밀도 있게 운영되는 김나지움 형태의 학교를 선택할 수도 있다.

카자흐스탄 교육의 특징 중 하나는 구소련체제의 장점을 살려 직업 기술 교육이 잘 이루어지고 있다는 것이다. 직업 교육 과정은 초등 직업 교육, 중등 직업 교육, 고등 직업 교육으로 구분된다. 초등 직업 교육 과정은 쉬콜라 9학년을 마치고 생산 활동에 참여해야 하는 학생들에게 기술 교육을 시키는 단기직업훈련학교라고 할 수 있다.

초·중등 직업 교육 기관을 마친 후 학업을 계속하고자 하는 학생은 고등 직업 교육 기관에 진학하면 된다. 고등 직업 교육이란 종합 대학, 단과 대학에서 이루어지는 고등 교육을 일컬으며 중등 일반 교육 또는 중등 직업 교육 과정을 마친 학생들이 들어갈 수 있다.

대학 교육은 교육의 다른 어느 분야보다 경제와 밀접한 관련을 맺고 영향을 받기 때문에 역시 최근 몇 년 동안 가장 많은 활발한 변화를 보이고 있다. 카자흐스탄에는 현재 33개의 국립대와 126개의 사립대학교가 있으며 그동안 많은 국립대가 사립대로 바뀌었고, 각 대학교마다 학교 발전과 우수학생 유치를 위해서 많은 노력을 기울이고 있다.

현재 대학 진학률은 약 62%로 상당히 높은 편이다. 정부도 우수한 인재를 길러내기 위하여 '볼라샥(미래)'이라는 정부 장학 제도를 마련하여 연간 3,000명의 학생을 해외에 내보내고 있는데 2005년도의 경우 대학 진학생 중 카자흐스탄 내 대학 진학생 비율은 82%였으며, 나머지 18%는 터키 유학 16%, 미국, 일본 유럽, 일본 등지로의 유학이 2% 정도였다.

한국어는 7개 대학에서 정식 학과로 채택하고 있으며, 11개 대학교에서는 한국어 강좌가 진행되고 있다.

특히 우리 고려인들의 최초 정착지였던 우슈토베에 있는 학교들에서는 초중등 과정부터 한글 교육이 이루어지고 있다. 알마티에 있는 우리 한국교육원은 일반인들에게 한글을 가르치는 한편, 한국어 시험 관리, 카자흐스탄인 유학생 선발 등의 업무를 맡고 있다. 2010년 2월 아스타나에 문을 연 한국문화원은 IT 시설을 활용하여 우리 문화 보급과 교류에 앞장서고 있다.

8

카자흐스탄의 교육열 :
중앙아시아의 한국?

카자흐스탄은 신생국으로서는 이례적으로 매년 3,000명의 국비 장학생을 선발하여 해외의 대학이나 대학원에 보내는 볼라샥 장학 제도를 시행하고 있다. 1993년 독립 직후부터 시작된 이 제도는 우리가 한말에 신사 유람단과 영선사를 파견하던 당시를 연상시키면서도 단연 그 규모나 의욕, 효과 면에서 현대 어느 국가보다 본격적인 인재 양성 프로그램이다. 볼라샥 장학생은 학업 성적과 외국어 능력, 카자흐어 구사 능력, 국가관 등의 기준에 따라 매년 선발되고 있고 장학 제도의 혜택을 받고 돌아오면 국내에서 5년간 공부한 분야의 업종에 취업해야 할 의무를 지게 된다.

카자흐스탄은 정부뿐 아니라 국민들도 교육열이 높은 것으로 정평이 나 있다. 우리가 익히 들은 "논 팔고 소 팔아 자식 공부시 킨다"는 표현처럼 카자흐스탄에서도 "양 팔고 낙타 팔아 공부시 킨다"는 표현이 있을 정도이니 정부의 전액 장학금으로 해외 수학 을 할 수 있는 볼라샥 장학생이 되려고 준비하는 카자흐 학생들의 열기를 짐작케 한다.

카자흐스탄의 교육 제도는 아직 소련시대의 관행대로 초·중등 학교 11년, 대학 4년제를 쓰고 있지만, 2008년부터는 우리와 같 은 표준의 12~14년제를 도입할 예정이며 현재 약 170개에 달하 는 대학 이상 고등 교육 기관을 앞으로 수년간 50여 개의 대학으 로 정리하고 아스타나와 알마티에 국제적 수준의 대학을 설립하 는 계획도 추진되고 있다.

카자흐스탄은 짧은 기간에 눈부신 경제 발전을 이룩하고 세계 11위의 경제 대국으로 떠오른 우리의 경제 경험 전수에 관심이 크 다. 카자흐스탄에 거주하는 우리 10만 고려인들이 카자흐인들에 게 심어놓은 '열심히 일하고 교육열 높은 한민족의 인상'이 카자 흐스탄이 우리에 대해 갖는 높은 관심의 한 원인이기도 하다. 우 리나라에는 이미 많은 수의 카자흐스탄 학생이 우리 정부가 제공 하는 각종 장학 제도로 유학을 하고 있다.

2006년 카자흐스탄 정부는 한국을 볼라샥 장학생들의 파견 대 상국으로 추가했고 카자흐스탄에서는 매년 우리 대학들이 주관하 는 유학 박람회가 열려서, 우리나라는 2007년 10여 명의 볼라샥 장학생을 주로 우리 이공계 대학 유학생으로 유치했다. 카자흐스탄에는 우리 유학생 약 60여 명이 러시아어, 예술 등 분야에서 수학을 하고 있기도 하다. 젊은 세대 간의 교류가 더욱 늘어 우리에게 중요한 협력의 상대로 부상하는 카자흐스탄과의 관계가 더욱 확고한 기반 위에 발전하게 되기를 기대한다.

2장

카자흐스탄의 자원과 경제

1

광물 자원의 부국
카자흐스탄

우리가 일반적으로 들어온 카자흐스탄은 구소련 시절 원동 (지금의 러시아 극동 지역)지방에서 1937년 일제 점령기에 중앙아시아로 강제 이주를 당한 후손(일명 고려인)들이 살고 있는 나라 정도로만 알고 있을 뿐, 그다지 많은 정보를 갖고 있지 않은 나라이다.

그러다가 최근 국제 원유 가격 및 우라늄 등 광물 자원 가격이 급상승하면서, 또한 이와 때를 같이하여 카자흐스탄의 건설 시장에 많은 한국 기업들이 참여를 하면서 신문지상에 카자흐스탄에 대한 기사를 자주 접하게 되어 과거에 알던 빈국 카자흐스탄에서 요즘은 많은 자원을 보유한 나라, 특히 석유의 매장량이 많은 나라로 재인

:: 위_ 카자흐스탄 동북부 에키바 스투스 석탄광
:: 아래_ 카자흐스탄 우라늄 광산 전경

식하게 됐다.

　카자흐스탄은 광물 자원의 보고(寶庫)라는 등식이 가능한 나라이다. 이는 통계치에서도 알 수 있듯이 광업이 카자흐스탄 GNP의 15% 이상을 차지하고 있고, 광업분야가 국가 경제 성장력의 원동력이기 때문에 카자흐스탄 정부는 광업의 중요성을 이해하고 이의 성장을 위해 과세제도 등 일부 특혜를 부여하고 있다.

　카자흐스탄의 광물 자원 분야에 종사하는 사람들을 만나면, 제일 먼저 터져 나오는 말이 "카자흐스탄은 멘델레예프의 주기율표에 나오는 원소는 다 보유하고 있다"라고 강조를 한다. 이 말은 그만큼 카자흐스탄은 다양한 광물 자원이 그것도 대량으로 묻혀

표1. 카자흐스탄 광물 자원 매장량(보유) 현황

광종	단위	카자흐스탄(A)	세계(B)	A/B(%)	세계 순위
우라늄	1,000톤	436.62	2,619.31	16.7	2
크롬	1,000톤	320,000	3,600,000	8.9	2
동	1,000톤	14,000	340,000	4.1	9
아연	100만 톤	14	188	7.4	6
연	1,000톤	2,000	64,000	3.1	4
창연	1톤	5,000	290,000	1.7	8
붕소	1,000톤	14,000	170,000	8.2	5
카드뮴	1톤	25,000	600,000	4.2	5
레늄	1톤	190	2,400	7.9	4
모리브뎀	1톤	130	5,600	2.3	7
철광석 (금속량)	100만 톤	4,500	72,000	6.36	

표2. 카자흐스탄의 2006년 주요 광산물 생산량

광물 구분	생산량	세계 순위	주요 생산 회사
철광석(1,000톤)	22,522.3	15위	SSGPO(ENRC그룹)
동(금속, 1,000톤)	433.8	10위	카작무스
우라늄(1톤)	5,240	3위	카즈아톰프롬(국영기업)
보크사이트(1,000톤)	4,877.8	9위	카작알루미늄(ENRC그룹)
연(금속, 1,000톤)	47.8		카즈징크(Glencore)
아연(금속, 1,000톤)	406.7	7위	카즈징크(Glencore)
망간광석(1,000톤)	2,519.1	5위	자이렘스키GOK
크롬광석(1,000톤)	3,106.9	2위	카즈크롬(ENRC그룹)
석면(1,000톤)	314.7	3위	쿠스타나야스베스트

있는 광물자원의 부국(富國)이란 말을 강조하는 것이다.

카자흐스탄의 지질위원회 자료에 의하면, 현재 확인된 광물은 철금속 3종, 비철금속 29종, 귀금속 2종, 산업 광물 84종과 석탄, 천연 가스 및 석유가 대량 매장되어 있다고 기술되어 있다.

현재 알려진 카자흐스탄의 광물 자원 매장량 중 우라늄, 크롬은 세계 2위이고 이외에도 많은 광물이 세계 10위권이며 이 수치는 향후 탐사 결과에 따라 증가될 전망이다(표1, 표2 참조).

우리나라는 석유와 가스도 매우 중요하긴 하나, 광물 자원 또한 우리 산업의 밑거름이 되는 매우 중요한 자원이다. 특히, 전력을 공급하는 발전소의 경우 화력 발전소는 대부분 유연탄을 주원료로 하며, 우리나라 발전량의 40% 이상을 점하는 원자력 발전소의 경우 우라늄 없이는 발전이 불가능한 형편이다. 또한 동, 아연, 크롬, 니켈 같은 산업 원료 자원이 없다면, 전자, 철강, 조선, 화학 등 우리의 기간 산업은 마비되는 상황에 직면할 것이다. 이런 상황을 고려해볼 때, 카자흐스탄은 자원 분야에서 우리에게 매우 중요한 국가이다.

우리나라의 카자흐스탄 광물 부분의 진출은 1995년 삼성물산이 중앙아시아 최대의 동광산(세계 10위)인 카작무스(Kazakmys) 콤비나트의 위탁 경영권 확보 및 지분을 인수하면서 처음으로 진출하여 양국 간 광물 자원 분야의 협력에 초석을 다졌으며, 이후 2003년부터 대한광업진흥공사가 카자흐스탄 지질위원회와 공동으로 광물 자원이 다량 부존되어 있는 카자흐스탄 남동부 일대 약 15만km^2(한반도의 3분의 2) 지역을 대상으로 공동 탐사 사업을 수행하기도 하였다.

이외에 카자흐스탄은 우리나라 원전의 원료인 우라늄을 2005년부터 장기 공급 계약에 의해 매년 약 960톤(국내 소비량의 약 27%)을 수출하고 있으며, 포스코에도 스테인리스강의 원료인 페로크롬을 수출하고 있다.

카자흐스탄은 우라늄 매장량 세계 2위의 국가이며 생산량으로는 2009년 1만 3,600톤을 생산하여 세계 제일의 국가로 등극했다. 카자흐스탄의 우라늄 광산은 인적이 없는 황무지에 분포되어 있어 개발에 대한 환경적 반발이 적고 생산 방법이 황산 주입, 용해 채광이어서 일반적인 노천, 갱도 채광 방법에 비해 비용이 저

렴하다는 장점도 있다.

이러한 생산 기반을 바탕으로 카자흐스탄은 우라늄의 생산, 변환, 농축, 성형 연료 생산 등 소위 선행 연료 주기를 갖추어 우라늄 원광뿐 아니라 성형 연료를 수출하는 나라로 발돋움한다는 전략을 갖고 있다. 그래서 변환 부분에서는 캐나다의 CAMECO와 기술 이전을 조건으로 합작을 하고 있고 농축은 러시아와 합작사를 설립하여 새로운 농축 공장을 건설 중이다. 성형 연료 생산 부문에서는 프랑스의 AREVA와 합작하고 있고 중국과 일본도 카자흐스탄산 성형 연료를 수입한다는 조건을 받아들이고 카자흐스탄과 우라늄광 개발과 생산을 시작하고 있다.

우리나라도 현재 대한광업진흥공사 및 한국수력원자력(주)이 향후 국내 원자력 발전에 사용되는 우라늄의 안정적 확보를 위해 카자흐스탄의 우라늄 광산 개발 참여에 대한 협의를 진행하고 있다.

카자흐스탄 석유 개발 사업
현황 및 전망

카자흐스탄의 석유 잠재력에 대해서는 구소련 시절에는 자원 개발의 우선 순위에서 밀려 주목받지 못했으나, 1991년 12월 16일 소련 연방으로부터 카자흐스탄 분리 독립한 이후 마지막 남은 세계적인 석유 보고로서 갑자기 주목받기 시작해 메이저급 석유 회사의 쟁탈장이 되다시피 했다.

카자흐스탄 에너지-광물 자원부(MEMR)의 2006년 통계로서는 가채매장량으로 원유 및 컨덴세이트는 500억 배럴(A+B+C1+C2), 가스는 116조ft^3 등 총 670억boe(원유 환산 배럴)가 매장되어 있는 것으로 보고되었다.

원유 매장량은 대략 육상 지역이 약 300억bbl, 카스피해상 지역이 약 200억bbl 정도로 파악되고 있으며, 전체적으로 보면, 대부분의 매장량이 카스피해 인근 육해상 지역에 집중되어 있는 양상을 보인다. 육상 지역의 매장량으로만 따져도 아티라우 지역(41%), 망기스타우 지역(38%), 악투빈스크 지역(9%), 서(西) 카자흐스탄 지역(7%)등 주로 카자흐스탄 서부에 95%가 집중되어 있고 기타 지역은 5% 정도로 소규모인 것을 알 수 있다.

현재 카자흐스탄 정부에 등록된 광구 수는 총 214개이며 이중 90%가 카자흐스탄 서부에 몰려 있다. 광구 중 이미 원유가 발견된 광구에서의 매장량으로만 따지면 상위 10개 유전이 90%를 차지하는데, 텡기즈(Tengiz), 카라차가낙(Karachaganak), 카샤간(Kashagan) 및 우젠(Uzen) 등 상위 4개 유전이 77%를 차지하고 있다. 가스 매장량으로도 카라차가낙, 텡기즈 및 카샤간 유전이 역시 77%를 차지

:: 위_ 해상 석유 개발
:: 아래_ 오일 펌프

하고 있다. 카자흐스탄은 2006년 1일 평균 약 130만 배럴을 생산했고, 매년 조금씩 증가 추이를 보이고 있다.

카스피해상 유전은 비교적 대형 유전이 존재할 가능성이 큰 장점은 있으나, 얕은 수심, 지층 내 이상(異常) 고압대, 고유황(高硫黃) 성분의 유종(油種) 그리고 카스피해의 엄격한 환경 보호 기준 등으로 인해 개발 자체가 어려울 뿐 아니라 이로 인해 개발비가 많이 소요되는 단점도 있다. 한편, 육상의 망기스타우 지역에 있는 우젠, 제티바이(Zhetibai) 유전 등에서 산출되는 원유는 파라핀 성분이 높아 운송에 문제가 있고, 칼람카스(Kalamkas), 카라잔바스(Karazhanbas), 북 부자치(North Buzachi) 유전 등에서는 저류암층의 심도가 얕은 관계로 물의 비중이 높은 단점이 있다.

⋮ 지역별 석유 개발 현황

1. 망기스타우 지역(Mangistau Oblast)

대표적인 유전으로는 국영 석유 회사인 카즈무나이가스(Kaz-Munai-Gas : KMG)의 자회사인 우젠무나이가스(UzenMunaiGas)가 보유하고 있는 우젠 유전 지대로 지질학적 매장량으로 약 73억 배럴로 평가되며, 카자만디바스, 제티바이 남부 등이 함께 속해 있으며, 1965년부터 현재까지 약 40년간 22억 배럴을 생산했고, 2006년 상반기에 1일 생산 13만 배럴의 생산량을 보이고 있다. 최근 MDR(Mobile Drilling Rig)라는 새로운 시추기로 굴착 속도를 높여, 향후 15년간 29억 배럴 상당의 석유를 추가 생산할 야심찬 계획을 갖고 있다.

우젠 광구에서 생산되는 원유 성상은 약간 독특한데, 파라핀 성분이 29%, 아스팔트-수지 성분이 20% 등으로 높아 섭씨 32도에서 응고되는 단점이 있어, 파이프라인 상부 쪽에 위치하고 있는 매장량 3억 배럴의 카라잔바스 광구(일산 5만 배럴) 등에서 생산되는 원유와 섞어야 송유가 가능하다.

이 밖의 주요 생산유전으로서는 중국 CNPC와 카자흐 국영 석유 회사가 각각 50 대 50 지분으로 2009년 4월 센트럴 아시아 페트롤리엄사(인도네시아)로부터 33억 달러에 인수한 망기스타우무나이가스(MangistauMunaiGas)사가 보유하고 있는 매장량 12억 배럴 규모(일산 12만 배럴)의 칼람카스 및 제티바이(Zhetibai) 유전, 2006년 12월 CITIC(중국)가 캐나다의 네이션스 에너지(Nations Energy)사로부터 19억 1,000만 달러에 매입하고 그중 지분 50%를 카즈무나이가스에 양도한 3억 4,000만 배럴 규모의 카라잔바스 광구(일산 5만 배럴), CNPC(중국)와 루코일(Lukoil, 러시아)이 각각 50%씩 소유하고 있는 매장량 3억 배럴 규모의 북 부자치(North Buzachi) 광구(일산 2만 8,000배럴), 카즈무나이가스 40%, 루코일 60% 소유 지분으로 되어 있는 매장량 5,400만 배럴의 카라쿠둑(Karakuduk) 광구(일산 1만 배럴) 등이 있다. 망기스타우 지역의 총생산량은 매년 꾸준히 증가하고 있으며, 현재 카자흐스탄의 총생산량의 약 4분의 1을 담당하고 있다.

2. 아티라우 지역(Atyrau Oblast)

1979년 처음 생산되기 시작한 텡기즈 광구는 가채 매장량이 원유 90억 배럴(OOIP : 220억 배럴)과 천연 가스 약 10조ft^3로 추산되며, 유전 내 총 120개공이 있으며, 이중 25개공은 텡기즈셰브로일(Tengizchevroil, TCO)이 1993년부터 인수. 운영하며 최근 시추된 것들이고 나머지 95개공은 구소련 시절 시추된 것이다. 시추공 평균 심도는 약 5,500m 정도이며, 56개 개발정 중 39개공에서 현재 생산 중이다. 2002년 일산 26만 배럴, 2003년 일산 25만 배럴, 2004년 일산 27만 배럴, 2005년 일산 27만 배럴을 생산했으나, 2006년에는 예년보다 2.2% 감소한 일산 26만 5,000배럴을 생산했고, 가스는 연간 3.6bcm(billion cubic meter)을 생산했다.

텡기즈 광구를 소유한 회사는 셰브런텍사코(ChevronTexaco, 50%), 엑슨모빌(ExxonMobil, 25%), 루카르코(Lukarco, 5%),

:: 악토베 비축탱크

KMG(20%) 등이다. 2010년까지 TCO는 텡기즈에서 일산 62만 배럴로 끌어올릴 계획을 수립해놓고 있다. 이 계획에 따르면, 2003년 중반부터 2008년 말 까지 미화 40억 달러 규모를 투자하여 2개의 프로젝트를 완성시킬 계획인데, 그 하나는 세계 최대 규모인 소위 사워 가스 인젝션(Sour Gas Injection, SGI)을 위한 컴프레서 제작 사업(620bar 가압장치)이고, 다른 하나는 Second Generation Programme(SGP)을 위한 공장 건설 계획이 그것이다. SGI는 2006년 11월 완성되어 현재 시험적으로 가스 주입 중에 있다. 상기 SGI 프로젝트가 본격 가동되면 일산 16만 배럴 가량을 더 생산할 수 있을 뿐 아니라, 골칫거리인 황의 생산을 대폭적으로 줄일 수 있을 것으로 기대된다. TCO는 2006년에 연간 약 160만 톤 가량의 황을 생산했다.

TCO는 또한 텡기즈에서 쿨사리(Kulsary)까지(120km)의 제2차 가스 파이프라인도 최근 완공하여 센트럴 아시아-센터(Central Asia-Center, CAC) 파이프라인을 통해 수출되는 텡기즈 가스를 수송하기 위해 현재의 연간 4.9bcm의 용량을 7.3bcm까지 증대할 수 있게 됐다. CAC 가스 파이프라인은 카자흐스탄, 투르크메니스탄 및 우즈베키스탄에서 생산되는 가스의 90% 이상 담당하는 수출망이며, 현재 용량은 연간 54.6bcm이나, 카즈트랜스가스(KazTransGas, 카즈무나이가스 자회사)는 2010년까지 20억 달러를 투자하여 80bcm까지 끌어올리고 2015년까지 추가로 11억 달러를 투자하여 100bcm으로까지 용량을 확충할 계획이다.

TCO는 상기의 텡기즈 사업뿐 아니라 인근의 5～10억 배럴 규모의 코롤레프(Korolev) 구조에 대한 생산권을 비롯하여 타지갈리(Tazhigali), 오가이(Ogai), 안사간(Ansagan), 북 쿨툭(Northern Kultuk), 비를리스틱(Birlistik) 및 프로바 그로보카야(Prova Globokaya) 등의 구조에 대해서도 탐사권을 보유하고 있다.

한편 해상에서는, 가채 매장량이 2P(Proven＋Probable＝확인＋예상) 기준으로 원유 130억 배럴, 가스 16조 ft^3에 달하는 초대형 유전인 카샤간 광구를 비롯하여 악토티(Aktoty), 카이란(Kairan), 칼람카스 등 총면적 5,600km^{2}에 달하는 4개 광구가 있다. 카자흐스탄 정부는 2000년 발견 당시 30년 만의 최대 유전이라 일컬어졌던 카샤간 광구의 개발과 생산을 위해 서방 원유 메이저 등 8개 회사가 설립한 컨소시엄 회사인 Agip-KCO와 PSA(Production Sharing Agreement)를 체결하였다. 이에 따라 현재 시점에서 보면 턱없이 적은 금액이지만, 카자흐 정부는 서명 보너스로 1억 7,500만 달러를 받았고 Agip-KCP는 45년간(1998년 4월 27일～2043년 4월 26일)의 계약기간을 확보했다.

카샤간 광구는 당초 2005년부터 원유 생산을 개시할 예정이었으나, Agip-KCO 컨소시엄이 개발 환경의 열악성, 인공 섬 건설 등 여러 가지 기술적인 애로 사유를 들어 생산 개시 시점을 2008년, 2010년으로 연기하여, 실제 시험 생산이 가능한 시점은 2012년으로 예상되며 본격적인 상업 생산은 2015년에야 이루어질 것으로 보인다. 카자흐스탄 정부는 컨소시엄 측의 생산 차질로 인한 재정적 손실을 이유로 벌금을 부과하는 한편, 카자흐 국영회사인 카즈무나이가스의 지분을 두 배로 증대시키는 협상을 관철시켰다. 현재 카샤간 광구의 지분 구조는 다음과 같다.

　Eni(16.81%), 엑슨모빌(16.81%), 셸(16.81%), 토털(16.81%), 카즈무나이가스(16.81%), 코노코필립스(8.4%), 인펙스(7.56%)

　카샤간 광구의 개발 공사는 낮은 수심, 겨울 동안 결빙, 환경 공해 방지, 유황이 많은 유질에 기인한 유황 처리 등 안전 문제로 총 1,360억 달러의 공사비 투입이 예상되는 대규모 난공사다. 그러나 2015년 이후 일산 약 150만 배럴의 생산이 시작되면 막대한 공사비의 회수는 물론 장기적인 이익을 낳는 초대형 유전으로 부각될 것이다.

　중국은 2009년 7월 카자흐스탄 서부 카스피 해 연안과 신장을 잇는 송유관을 완성하여 카샤간 유전이 가동을 시작하면 생산 원유의 일부(연간 약 2,000만 톤, 일산 40만 배럴)를 중국으로 수송할 준비를 갖추고 있다.

　한국은 한국석유공사(KNOC)를 중심으로 구성된 한국 컨소시엄(석유공사, SK, LG, 현대 하이스코, 삼성, 대성, 대우 조선해양, 이주산업)이 2004년 한·카자흐스탄 정상회담 이래 카스피 해상의 잠빌(Zhambyl) 광구 탐사에 관한 협상을 시작, 2008년 5월 한승수 총리의 카자흐스탄 방문시 협상을 마무리 짓고 현재 광구에 대한 지질 탐사를 진행 중이다. 한국 컨소시엄은 약 10억 배럴의 예상 매장량을 가진 잠빌 광구에서 카즈무나이가스 사와 각각 27 대

73%의 지분을 갖고 공동 탐사를 진행하며 향후 지분을 50%까지 확대할 수 있는 옵션을 갖고 있다. 한국이 개발하는 광구 중에서는 가장 큰 규모의 유전 중 하나로서 우리가 그간 진행해 온 카자흐스탄과의 자원 외교에서 중요한 성과가 되고 있다.

이외에 카스피 해상에는 CNOOC의 다르칸(Darkhan) 광구, ONGC의 사트바예프(Satpayev) 광구 등이 있으며, KMG가 단독으로 검토하고 있는 광구로는 아바이(Abai) 광구, 이스타이(Isatai) 광구, 보벡(Bobek) 광구, 마함베트(Makhambet) 광구, 사틱(Shatyk) 광구 등이 있다. 또한 KMG(50%), 루코일(25%), 랩솔(25%)가 공동 보유하고 있는 잠바이 광구, 로스네프트(50%)와 KMG(50%)의 쿠르만가지(Kurmangazi) 광구, 루코일(50%)과 KMG(50%)의 투브-카라간(Tub-Karagan) 및 아타쉬(Atash) 광구, KMG, 오만 오일 및 셸의 젬추지나(Zhemchuzhina) 광구 등이 있는 등 카스피 해는 원유 자원의 보고이다.

이밖에도 카스피 해 연안 육상에는 로스네프트와 시노펙 사의 아다이스키(Adaisky) 광구가 있다.

3. 악투빈스크 지역(Aktiubinsk Oblast)

CNPC가 100% 소유의 악토비무나이가스(Aktobemunaigas)사가 개발하고 있는 켄키약(Kenkiyak) 및 자나졸(Zhanazhol) 광구의 가채 매장량은 원유 5억 배럴에 가스 1조 ft^3 정도로 평가되며 2003년 일산 10만 배럴, 2004년 일산 11만 배럴, 2005년에는 13

만 배럴 생산했다. 악토비무나이가스는 지난 6년 동안 이 두 광구에 약 10억 달러를 투자했고, 2004년 한 해 동안 3억 5,000만 달러를 투자하여 신공법의 시추 작업을 하고 있고, 아울러 물과 스팀을 주입하는 공법을 시험하고 있으며, 젬-자나졸(Zhem-Zhanazhol) 간의 72km 구간에 해당하는 철도도 건설했다. 이 철도를 통해 광구에서 산출되는 경유, 액화 가스 및 유황 등을 국제 시장으로 실어내고, 자재와 인력을 현장으로 이송하고 있다.

여기에서 생산되는 원유는 2003년 3월 총 2억 2,300달러를 투여하여 완공된 1일 20만 배럴 송유 용량의 켄키약-아티라우(Kenkiyak-Atyrau) 간의 448km 길이의 파이프라인을 통하여 아티라우(Atyrau)로 송유되고 있으며, 이곳에서 연결된 아티라우-사마라(Atyrau-Samara) 라인 또는 CPC 라인을 통하여 러시아를 경유, 유럽으로 수출되고 있다. 궁극적으로 이 송유관은 2004년 9월 말부터 착공하여 2005년 말 완공된 중부 카자흐스탄의 아타수(Atasu)와 중국의 신장 입구에 있는 알라산코우(Alashankou) 간의 송유관과 함께 대 중국 수출 파이프라인인 이른바 서 카자흐스탄-중국(West Kazakhstan-China) 라인의 일부가 될 예정이다. 카스피 해와 인근 연안의 석유를 중국으로 보내기 위해서는 2009년 7월 완공된 켄키약-아티라우 파이프라인의 석유 흐름 방향을 역류시켜 아티라우-켄키약-아타수-신장의 노선이 완성된다.

KMG와 루코일이 동등 지분으로 소유하고 있는 카자흐오일-아토비(Kazakhoil-Atobe)사가 보유하고 있는 알리벡몰라(Alibekmola)와 코자사이(Kozhasai) 광구는 총 가채 매장량이 2억 2,000배럴 정도이며, 그동안 복잡한 지질 구조와 1.2~1.7%에 달하는 유황 성분의 탈황 등의 기술적 문제와 투자 자금을 조달 확보의 어려움 등으로 개발이 지연됐으나, 최근 약 5억 달러를 투자하여 2007년부터 본격 생산에 들어갈 계획을 수립했으며, 최대 생산 시 일산 약 6만 배럴 생산을 목표로 하고 있다.

악투빈스크(Aktubinsk) 지역에서 KMG가 지분을 가지고 있는 또 하나의 프로젝트로 카자흐투르크무나이사(KMG 51%, Turkish Petroleum Corp 49%)가 운영하는 락티바이(Laktybai) 및 남카라토베(Karatobe South) 등 소규모 유전 집단들에서 생산되고 있으며 동회사 소유의 아티라우 지역의 서 엘레메스(Elemes West), 동 사즈토베(Saztobe East) 광구에서의 생산량까지 합쳐 2002년 일산 5,000배럴, 2003년 6,300배럴에서 2004년에는 8,200배럴, 2005년 9,000배럴 정도로 생산되고 있다. 총 가채 매장량은 1억 4,000배럴 규모로 평가되고 있다.

또한 이 지역에는 한국석유공사와 LG상사 등이 50% 보유하고 있는 아다(ADA) 광구와 에기즈카라(Egizkara) 광구가 있으며, 2006년 중 상기 광구에서 각각 석유가 발견됐으며, 세림기업 등이 50% 소유하고 있는 서 바조바(West Bozoba) 광구 및 사크라마바스(Sakramabas) 광구에서도 현재 시추 중에 있으며, 사크라마바스 광구에서도 최근 석유가 발견되는 등 한국 기업의 진출이 가장 활발한 곳이기도 하다.

:: 시추 현장의 여름과 겨울

4. 서 카자흐스탄 지역(Western Kazakhstan Oblast)

국제컨소시엄이 설립한 카라차가낙 페트롤리엄 오퍼레이팅
(Karachaganak Petroleum Operating BV, KPO : BG 32.5%, ENI
32.5%, 세브런텍사코 20%, 루코일 15%)이 운영하는 카라차가낙
유전은 가채 매장량이 액상 상태인 원유 및 콘덴세이트가 24억 배
럴(OOIP : 87억 배럴), 가스가 16조 ft^3(OGIP : 46조 ft^3) 정도로
추산되고 있다. 생산 원유는 카라차가낙-볼쇼이 샤간-아티라우
파이프라인(635km)을 통해 아티라우로 일단 보낸 후, CPC라인
을 바꿔 타고 수출되는데, 2006년 1일 약 16만 배럴을 생산, 일산
약 10만 배럴이 이 수송망을 타고 나갔다.

　나머지 일산 6만 배럴의 원유/콘덴세이트는 러시아의 오렌부르
크(Orenburg)의 가스 정제소로 공급되고 있다. 최근 가즈프롬/오

:: 원유 정제 시설

렌부르크사는 KPO와 가스 공급에 관한 장기 계약(15~20년)을 맺어 3.96달러/mmBTU의 가스 가격으로 2007년부터 연간 7.5bcm, 2015년까지는 연간 15bcm을 공급받기로 했다. 이를 위해 오렌부르크의 현재 가스 처리 용량인 17bcm/년을 KMG와 가즈프롬이 동등하게 총 15~20억 달러를 투자하여 처리 시설을 개수한 후 30bcm/년 처리 용량으로 확충할 계획을 가지고 있다.

카라차가낙 광구 서쪽으로 헝가리회사 MOL이 27.5%(운영권자), 시노펙이 22.5%, 익스플로레이션 벤처사가 50%를 소유한 우랄 오일 & 가스사가 운영하고 있는 페도로스키(Fedorosky) 광구가 있으며, 2005년 자익-1(Zhaik-1) 공에서 5,844m 인근에서 콘덴세이트와 경질유(API 46도)를 발견했다. 현재 150km²의 3D 자료 처리와 2개 탐사정 시추를 계획 중에 있다.

페도로스키 광구 바로 남측에 연접하여 한국컨소시엄(석유공사, GS, 경남, 금호, 현대중공업 등)과 메리디언 페트롤리엄(Meridian Petroleum)이 각각 50%씩 소유한 남 카르보프스키(South Karpovsky) 광구가 있다. 광구 내에 우랄스크시를 포함하고 있는 이 광구에서도 콘덴세이트와 경질유를 기대하고 있으며 2007년부터 본격적인 탐사 활동에 들어갈 예정이다.

5. 잠빌 지역(Zhambyl Oblast)

현재 KMG자회사인 카즈트랜스가스가 단독으로 보유한 아만겔디(Amangeldy) 가스전 개발에 대한 카자흐스탄 정부의 의지는 대단히 강하다. 국내 거의 모든 주요 가스전은 서북쪽에 몰려 있어, 러시아를 경유하여 수출하고 있으면서도 정작 대도시인 알마티 등 남부도시의 소비를 위한 가스는 우즈베키스탄으로부터 연간 2.1bcm 정도를 수입하고 있으며(2006년 기준), 현재 가스 가격으로 1.56달러/mmBTU 정도를 지불하고 있었으나 우즈베크의 강력한 요구로 2007년부터는 3.1달러/mmBTU로 인상될 예정이다. 그래서 가채 매장량 약 742bcf로 평가되는 아만겔디 가스전을 개발하여 알마티 등 남부 공업 지역에 공급하고자 하는 계획을 실행 중에 있다. 현재 동 가스전에서는 일산 콘덴세이트 500bbl 과 연간 0.3bcm

정도의 가스를 생산하고 있다.

6. 크즐오르다 및 카라간다 지역(Kyzylorda & Karaganda Oblasts)

남 투르가이(South Turgai) 분지가 위치하고 있는 이 지역은 카자흐스탄 중부 내륙에 위치하고 있으며, 통칭하여 쿰콜(Kumkol) 지역이라고도 부른다. 캐나다 회사인 페트로카자흐스탄사(구 허리케인사)가 이 지역에 있는 생산/개발 단계 및 탐사 단계의 14개 광구의 전부 또는 50%와 쉼켄트(Shymkent) 정유 공장 등도 소유하고 있어 이 지역 석유 개발을 선도했으나, 2005년 10월 상기 회사를 중국의 CNPC사가 총 41억 8,000달러를 지불하고 100% 지분 매입했다. 이에 당황한 카작 정부는 CNPC 측과 협상하여 동일 매입 조건으로 상기 광구 지분의 33%와 정유 공장 50%를 2006년 중순 양도받았다. 상기 14개 중 6개 광구(쿰콜 사우스, 사우스 쿰콜, 키질키야, 아리스쿰, 마이블락, 쿰콜 노스)에서는 현재 상업적 생산 중에 있고, 3개 광구(악스하블락, 노스 누랄리, 이스트 쿰콜)에서는 개발 중에 있고, 누랄리-악사이 광구는 시험 생산 중에 있으며, 나머지 4개 광구(카라간다, 콜잔, 도샨, 자만수)에서는 탐사가 진행되고 있다.

생산 원유의 성상은 API 비중으로 37~44도 정도이고, 유황 성분이 0.4% 이하로 경질저유황유(light sweet crude)에 해당되어 개발, 생산 및 처리 단가가 싸게 드는 장점이 있다. 이 지역의 가채 매장량은 2P 기준으로 원유 약 5억 5,000배럴 정도로 평가되고 있으며, 현재 일산 약 15만 배럴 생산 중에 있다. 쉼켄트 정유 공장에서는 현재 1일 8만 배럴 정도를 정제하고 있어, 카자흐스탄의 3대 정유소 중 하나인 아티라우(1일 7만 배럴 정제), 파블로다르(1일 7만 4,000배럴 정제) 정유 공장과 함께 국내 소비용 석유 제품을 총 22만 4,000배럴을 생산하고 있다(2006년 기준).

페트로카자흐스탄사와 함께 이 지역을 공유하고 있는 회사로는 카즈무나이가스사가 2006년 매입한 독일계의 카즈게르무나이 사(악스하블락, 누랄리, 악사이 50% 소유, 운영권자)와 러시아의 루코일이 50% 소유하고 있는 투르가이 페트롤리엄사(쿰콜 노스 50% 소유, 운영권자) 등이 있다.

이 지역의 최대의 단점은 광구가 중앙 내륙 지방에 위치하고 있어, 어느 방향으로 수출하더라도 원유 수송비가 많이 든다는 것이었는데, 이를 극복하기 위하여 여러 가지 새로운 운송 루트를 건설하거나 개발해왔다. 산지에서 쥬살리(Dzhusaly) 기차 터미널까지 177km 길이의 직선으로 잇는 소위 KAM line을 건설하여, 이전의 쉼켄트에 있는 테케수(Tekesu) 터미널을 통하여 우회하던 것보다 무려 1,300km를 단축시킴으로써 배럴당 약 2.5달러를 절감할 수 있게 됐다. 중국으로 수출하기 위해서는 러시아 옴스크(Omsk)로부터 샤르제프(Chardzhev)로 내려오는 구소련의 기존 파이프라인을 이용하되, 원유를 역류 방향으로 아타수 터미널까지 보내어 철도로 수송함으로써 기존 방식인 철도 노선에 전적으로 의존하던 것보다 435km를 단축할 수 있어, 배럴당 1.60

달러의 운송비를 절감할 수 있게 됐다. 여기에 서부 카자흐스탄-중국 신장 파이프라인을 잇는 송유관 노선 중 아타수-알샨코우 라인이 2005년 12월 건설되고 2009년 7월 켄키약-쿰콜 노선이 완공됨에 따라 카자흐스탄 서부 악토베, 쿰콜 지역 유전의 원유가 연간 약 1000만 톤씩 저렴한 운송 비용으로 중국에 수출되는 루트가 열리게 되었다.

3

카자흐스탄 원유
수출 노선

🔵　카자흐스탄의 원유 수출은 최근 수출 파이프라인 용량 개선과 신규 라인이 완공되면서 빠르게 증가하고 있는데, 2003년 1일 평균 77만 배럴, 2004년 88만 배럴로 증가했다. 이 양은 OPEC 회원국인 알제리나 리비아의 수출량과 비슷하며, 2006년에는 수출 물량이 1일 120만 배럴에 이르러 쿠웨이트와 맞먹는 수준으로까지 올라가게 됐다.

카자흐스탄의 원유는 현재로서는 크게 다음 4가지 방법으로 수출되고 있다.

첫째, 소련 붕괴 후 건설된 카스피안 파이프라인 컨소티엄(Caspian Piepline Consortium, CPC) 파이프 라인으로 카스피 해의

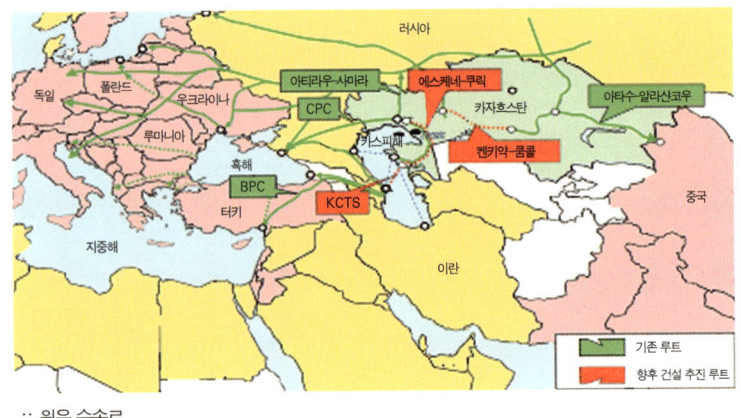

:: 원유 수송로

카자흐 유전으로부터 생산되는 원유를 흑해를 경유하여 수출하기 위해 건설되었다. 2001년 첫 물량이 선적되었는데 노선은 카스피 해 서안 텡기즈 유전에서 흑해 노보로시스크(Novorossiysk)를 잇고 있다. 2003년에는 원유 물량 부족으로 설계 용량인 일일 65만 배럴에 훨씬 못 미치는 30만 배럴을 운송하였으나, 2004년 하반기부터 유입되기 시작한 카라차가낙의 콘덴세이트 원유가 확보되면서 일일 52만 배럴 수준으로 수송량이 증가하였다.(러시아 원유도 13만 배럴/일 동 라인으로 운송). 이 파이프라인 사용료는 2006년에는 4.1불/bbl 정도였으나 2007년 4.81불/bbl로 인상된 후 러시아의 주장으로 계속 인상 협상이 진행 중이다. 이 라인은 일정한 품질을 유지(API 42~44도)하기 위해 유질이 좋은 원유는 프리미엄을 받고 저질 원유는 디스카운트를 받도록 하는 등 카자흐스탄 최초의 퀄리티 뱅크(Quality Bank) 제도를 도입하였다. 또한, 동 파이프라인은 추가로 약 10억 달러를 투자하여 일일 140만 배럴까지 운송할 수 있게 증설할 계획도 수립 중에 있다.

둘째로는, 아티라우-사마라(Atyrau-Samara) 파이프라인을 이용하여 러시아를 경유하여 수출하는 노선인데, 이 노선은 구소련 시절부터 있어 왔던 전통적인 라인이다. 2006년 1일 약 34만 배럴이 이 노선으로 수송됐다. 이 노선은 일단 러시아의 사마라(Samara)로 배송된 다음, 원하는 여러 최종 목적지로 갈라진다는 장점이 있다. 수송량의 약 50%는 흑해의 오데사(Odessa)로 가며, 기타 다른 목적지로는 프리모스크(Primosk), 노보로시스코, 드루즈바(Druzhba) 등으로 가서, 체코나 폴란드의 정유 공장으로 들어간다. 항만 사용료, 입하료등 모두 계산해서 최종 목적지까지의 운송료는 대략 3.5~5.5달러/bbl 수준이며, 오데사로 가는 노선이 가장 비싸고, 노보로 가는 노선이 가장 싸다. 어쨌든 전체적으로 볼 때 다른 어떤 수송로보다 가장 경제적인 노선인 관계로, 러시아와 카자흐스탄 정부 간 체결된 노선 사용 계약에 의거 사용되는 점을 이용하여 우젠무나이가스(Uzenmunaigas), 엠바무나이가스(Embamunaigas) 등 국영 석유 회사가 거의 독점하고 있으나 악토비무나이가스의 원유도 일부 운송되고 있다.

셋째로는, 악타우항에서 선적되어 해상으로 이동하여 ① 러시아의 마하츠칼라(Makhachkala)항에 가서 트랜스네프트(Transneft) 파이프라인을 이용 노보로시스크로 운송하거나(3.4달러

/bbl), ② 아제르바이잔의 바쿠항에 가서 철도로 그루지아의 바투미(Batumi)로 운송하거나(4.1~4.8/bbl), ③ 이란의 네카(Neka)항으로 가서 이란 원유와 스왑 형식으로 거래하는 방법 등이 있다(1.4달러/bbl+Swap fee : 3달러/bbl). 2006년 악타우항을 통해 수출된 양은 1일 약 22만 배럴 정도이다. 상기의 수송료는 악타우항까지의 수송료는 포함되지 않는 가격이므로 실제 운송비는 훨씬 높아지게 된다. 예를 들어, 쿰콜의 쥬살리 터미널에서 기차로 악타우항까지 운송하기 위해서는 6~7달러/bbl의 추가 요금이 들어가게 된다. 추가하여, 아직 실현되지는 않았지만 러시아를 경유하지 않은 대형 수출로를 확보할 필요성도 있고, 2012~15년 중 생산이 개시되면 막대한 양이 될 카샤간 유전과 조만간 폭발적인 증산을 할 예정인 텡기즈 유전 등의 출구 확보 등을 위해 카작정부는 BTC 파이프라인 사용 가능성에 대해 아제르바이잔 정부와 협상, 2006년 7월 합의를 이뤘다. 이 사업의 실현을 위해 KMG, Agip-KCO(카샤간 유전 운영권자) 및 텡기즈세브로일(텡기즈 유전 운영권자) 3자 간에 소위 '카자흐 카스피해 운송 시스템(KCTS)'을 건설하기 위한 합작회사 설립에 합의하는 의정서가 각각 서명됐다.

이 라인은 에스케네-쿠릭-바쿠-티빌리시-세이한(Eskene-Kuryk-Baku-Tbilisi-Ceyhan)으로 이어지는 루트로, 원유를 쿠릭항까지 파이프로 운송한 후 유조선으로 카스피해를 건너 바쿠에 전달, 이후 BTC 라인을 통해 지중해로 빠져나오게 한다는 계획

표3. 카자흐스탄 원유 수출용 파이프라인

파이프라인 및 연장	대상 유전 지대	수송 능력(1,000 bbl/d)	비 고
아티라우–사마라 (695km)	카스피 인근 유전	300(현재) 600(확장 시)	관세가 가장 저렴한 수출 루트 러시아와의 협정으로 연간 수송량 결정
CPC(1,580km)	텡기즈 및 인근 유전	560(현재) 1,400(확장 시)	카자흐스탄의 제1수출 라인 흑해 노보로시스크로 수송
옴스크샤르드제브 (1,970km)	러시아 서시베리아	440	구소 시절 원유 수입 라인 (사용 중단) 일부 구간 수출 라인으로 전용(국내선)
자나졸–켄키약–오르스크(400km)	켄키약, 자나졸 유전	130	러시아로의 수출 라인
카라차가낙–아티라우 (635km)	카라차가낙 유전	140(현재) 260(확장 시)	CPC와 연결, 수출 (국내선)
켄키약–아티라우 (448km)	켄키약, 자나졸 유전	200(현재) 280(확장 시)	CPC, 아티라우–사마라와 연결 (국내선) 중국 수출 시 역류하여 사용 계획
켄키약–아티라우 (448km)	켄키약, 자나졸 유전	200(현재) 280(확장 시)	CPC, 아티라우–사마라와 연결 (국내선) 중국 수출 시 역류하여 사용 계획
바쿠–트빌리시–세이한 (1,767km)	아제리 ACG, 카샤간 유전 등	500(1단계) 1,400(2단계)	지중해로 직접 연결–병목 현상 문제 없음
서 카자흐스탄–차이나 (3,000km)	카스피 인근 유전 쿰콜 유전 등	200(2단계) 400(3단계)	2단계 구간(아타수–알라산코우, 988km) 2005년 말 완공 3단계 구간(켄키약–쿰콜) 2009년 7월 완공

이다. 이 프로젝트는 대략 30억 달러를 소요되는 것으로 추산되고 있으며, 완성되면 첫해 1일 50만 배럴에서 출발하여 궁극적으로 1일 약 80만 배럴까지 운송이 가능해진다.

넷째로는, 국내 철도로 일단 수송한 다음 수출 파이프라인을 타는 경우인데, 이 경우가 가장 비용이 비싼 편이다. 그러나 최근 파이프라인과의 가격 경쟁 상황에서 가격이 급격히 하락하는 추세이다. 그럼에도 불구하고, 카자흐스탄에서 중동부 유럽까지 원유를 수송하려면 9.5배럴/bbl 정도이며, 이 밖에도 국경 통과 시와 항만 접근 시 지체 등으로 문제가 있다.

최근에는 러시아로 가는 양은 줄어드는 대신에 중국으로 수송되는 양이 늘어나고 있다. 2006년에는 페트로카자흐스탄 등에서 생산되는 원유가 아타수-알라샨코우 라인을 통하여 중국으로 1일 4.7만 배럴 가량 수송됐고, 카라차가낙 등의 원유는 러시아 오렌부르크로 1일 약 5만 배럴 정도 수출됐다.

4

파이프라인의 정치학 :
소리 없는 각축전

우리나라는 에너지 자원을 거의 100% 해외에 의존하면서도 원유나 가스 파이프라인으로 산지와 연결되어 있지 않다. 러시아의 이르쿠츠크 지역 코비트카(Kovitka) 가스전과 중국을 경유, 서해를 거쳐 평택까지를 파이프라인으로 연결한다는 계획이 있긴 했지만 그 실현에는 아직 난관이 많은 듯하다. 우리나라가 세계 4위의 원유 수입국이면서도 모든 에너지 자원의 수입을 해상 선박 수송에만 의존하는 실정은 세계적으로 보면 예외적인 경우다.

반면, 카자흐스탄은 내륙국으로서 생산 에너지 자원을 바다를 통해 수출할 수 있는 길이 제한되어 있기 때문에 원유나 가스를 해외 시장으로 수송하는 데 파이프라인 의존도가 거의 절대적이다. 카자흐스탄은 소련시대에도 산유국이었기 때문에 이미 러시아와 연결된 원유와 가스 파이프라인을 갖고 있다.

그러나 독립 이후 카스피해 연안 지역의 텡기즈 유전의 생산이 일산 30만 배럴 이상으로 확대되고 2010년까지는 약 70만 배럴(우리의 하루 원유 수입량은 약 230만 배럴)까지 증산될 전망임에 따라 기존의 파이프라인만으로는 수송을 감당할 수 없게 됐다. 더구나 유전 개발 역사상 30년 만에 최대의 발견이라고 일컬어지는 카스피해상 카샤간 유전(추정 매장량 400억 배럴)의 생산이 2015년경에는 본격 개시될 전망임에 따라 새로운 원유를 수송할 파이프 라인의 건설이 다급해졌다. 그래서 텡기즈 유전의 주사업자인 셰브런사와 로열 더치 셸, 카샤간 유전의 주사업자인 이탈리아의 아집과 엑슨 모빌 그리고 러시아, 카자흐스탄 정부 등 카자흐스탄 내 에너지 개발에 관련된 거의 모든 주요 플레이어들은 컨소시엄을 구성하고(Caspian Pipeline Consortium, CPC) 텡기즈 유전과 흑해상의 러시아 항구 노보로시스크를 잇는 연간 수송 능력 2,800만 톤의 CPC 파이프라인을 건설하여 2001년 첫 가동을 시작했다(참고로 원유의 양은 무게를 기준으로 1톤 단위, 혹은 부피를 기준으로 1배럴로 표시되는 데 복잡한 계산을 거치면 연간 2,800만 톤의 원유는 일산 56만 배럴에 해당된다.)

2002년 미국, 영국 등의 석유 메이저 회사들이 주축이 되어 카스피해의 전통적인 산유 도시 바쿠와 그루지아의 수도 트빌리시,

그리고 지중해상의 터키 항구 세이한을 잇는 소위 BTC 원유 파이프라인을 2005년 완공할 때까지 카자흐스탄 원유의 해외 시장 출구는 앞서 말한 CPC 라인과 소련시대부터 있었던 카스피해의 카자흐스탄 항구 도시 아티라우와 러시아의 사마라를 잇는 파이프라인이 전부였다. 즉 카자흐스탄의 해외 원유 수출은 모두 러시아 영토를 경유하게 되어 있었고 카자흐스탄 원유 산업에 대한 러시아의 입김은 셀 수밖에 없었다. 미국과 영국 등이 약 36억 달러를 들여 BTC 라인을 건설한 것은 러시아의 영향력이 배제된 경로를 통해 카스피해의 원유를 해외 시장으로 나르기 위한 것이었다. BTC의 수송 용량이 연간 5,000만 톤에 달하게 설계된 것만 봐도 BTC 라인의 건설이 이제는 쇠퇴기에 들어선 바쿠 유전의 원유 수송만을 목표로 한 것은 분명 아니었다.

2006년 7월에는 카자흐-아제르바이잔 간 카자흐산 원유의 BTC 송유관을 통한 운송에 합의가 이루어졌고, 카샤간의 해상 유전에서 원유 생산이 본격화되는 2015년경부터는 BTC 송유관을 따라 약 2,500만 톤의 카자흐 원유가 유럽 시장을 향해 흐르는 것이 가시화될 것으로 예상된다.

하지만 카자흐스탄 원유가 BTC 라인에 연결되기 위해서는 카스피해를 건너야 한다. 현재는 선박으로 일부 물량을 바쿠로 나르고 있지만 카샤간의 원유를 저렴하고 신속하게 운송하는 방법은 카스피 해에 송유관을 가설하는 것일 수밖에 없다. 카자흐 원유가 CPC나 사마라 라인 등 자국 영토를 경유하기를 바라는 러시아에

:: 파이프라인 건설 현장 1

게 좋은 소식일 리 없고 러시아는 카스피 해의 법적 지위가 연안
국 간에 합의되지 않았다는 점, 내륙해인 카스피 해에 송유관을
설치하는 것은 환경 훼손의 위험성이 크다는 이유 등을 들어 카스
피 해 송유관 건설에 반대하는 한편, CPC 라인의 수송 용량을 늘
리는 옵션을 주장한다.

  카스피 해상 가스관 건설도 같은 문제를 안고 있다. 러시아에
가스 공급의 40% 가량을 의존하고 있는 EU는 투르크메니스탄과
카자흐 산 가스의 중요성에 착안, 카스피해에 해저 가스관을 건설
하는 방안을 카자흐측에 본격 제기하고 있다. 2006년 11월 열린

:: 파이프라인 건설 현장 2

EU와 흑해-카스피해 연안국 회의에서 이 문제가 공식 제기됐다. 이러한 움직임에 대응하여 2007년 5월 푸틴 대통령은 카자흐스탄과 투르크메니스탄 대통령과 회동하여 기존의 투르크메니스탄-카자흐스탄-러시아를 잇는 가스관을 확장, 신설하기로 합의하여 EU와 미국이 추진하는 카스피해저 가스관 건설 계획에 쐐기를 박았다. 그러나 러시아를 경유하지 않는 가스관의 건설은 카자흐스탄이나 투르크메니스탄에는 계속 매력 있는 사업으로 남아 있을 것 같다. 투르크메니스탄 대통령은 푸틴 대통령의 제안에 동의를 하면서도 카스피 해저 가스관 건설의 가능성을 완전히 배제하지

않는다는 단서를 붙여 가스 운송에 있어 러시아에 대한 전적인 의
존에서 탈피하고자 하는 내심을 비치고 있다.

카자흐스탄이 해외 운송로를 다변화하여 러시아 의존도를 줄이
는 정책을 추진해가는 데 또 하나의 중요한 사건이 있었다. 2005
년 12월 카자흐스탄의 카스피 해 인근 산유 지역과 중국의 서부를
잇는 약 1,000km의 원유 파이프 라인 1단계 공사가 마무리된 데
이어 2009년 7월 켄키약-쿰콜 라인의 완공으로 완성됨으로써 카
자흐스탄의 악토베, 쿰콜 지역 원유가 중국에 안정적으로 수출되
는 길이 열린 것이다. 현재 연간 수송 능력 1,000만 톤(일산 20만
배럴)인 이 파이프라인의 완공으로 중국은 동북아 에너지 수입국
중 처음으로 생산국과 파이프라인을 연결한 국가가 되었으며, 카
자흐스탄은 서쪽으로만 향하던 유라시아 대륙의 파이프라인 패턴
을 동쪽으로 다변화한 최초의 국가가 되었다. 중국은 2015년 카
샤간 원유 생산이 본격화되면 현재의 송유관을 더욱 확장하여 카
샤간 유전의 일산 150만 배럴 중 상당량을 중국으로 가져 온다는
계획이기도 하다.

현재 중국 회사들의 카자흐 내 원유 생산 점유율은 20%가 넘는
것으로 추정된다. 중국은 2005년 12월 CNPC가 캐나다계 페트로
카자흐스탄(PetroKazakhstan) 유전을 42억 달러에 인수하였고,
2006년 12월에는 CITC 그룹이 18억 달러로 또 다른 캐나다계 원
유회사 네이션스 에너지를 인수했다. 2009년에는 CNPC가 또다
시 카자흐스탄 현지 회사 망기스타우무나이가스 사를 인수하여

중국의 적극적인 카자흐 에너지 시장 진출은 더욱 본격화되는 양상을 보인다.

중국은 또한 2009년 말 투르크메니스탄과 카자흐스탄의 가스를 도입하기 위해 가스 파이프라인 1단계 공사를 완공하였고 2010년부터는 연간 $40조m^3$의 중앙아시아 가스를 안정적으로 가져올 수 있게 되었다. 바야흐로 중앙아시아가 중국의 왕성한 에너지 확보 욕구의 대상이 되어가는 느낌이다.

카자흐스탄이 카스피해를 경유, BTC 라인을 통해 원유를 수송할 수 있는 선택권을 확보하고 중국으로 가는 파이프라인을 완성하자 러시아는 독점적 에너지 수송 경로를 일부 내주게 됐지만 변화하는 상황에 적응해 오히려 시베리아산 원유를 카자흐-중국 연결 파이프라인을 통해 중국에 판매하는 방안도 고려하고 있다.

카자흐스탄은 CIS제국 중에서는 러시아와 가장 긴밀한 관계를 맺고 있는 나라이지만 국가의 사활이 걸린 에너지 수송로 문제에서 카자흐스탄은 러시아에 대한 의존도를 줄여가는 정책을 일관성 있게 추진하고 있고, 이것은 국가 전략상 당연한 선택으로 보인다.

카자흐스탄과 투르크메니스탄의 원유와 가스가 중국을 거쳐 우리나라까지 직접 공급되는 날이 과연 올까? 현재 중국의 왕성한 에너지 소비욕에 비추어 이러한 일은 어림없는 것으로 보인다. 하지만 장차 카자흐스탄의 원유 생산이 증가하여 계획된 대로 세계 7위 수준의 산유국으로 부상하고, 현재 핵 문제 등으로 인해 미국, EU와 대립하는 이란을 통한 수송로가 열리게 되면 카자흐스탄의 원유와 투르크메니스탄의 가스가 동으로 향하여 한반도까지 닿게 될 가능성이 아예 없는 것은 아니다.

5

카스피해의 부상 :
'신엘도라도'

카스피해는 카자흐스탄 서쪽에 위치한 염수호다. 내륙호라서 물자의 해외 수송로로서는 한계가 있지만 소련은 1950년대에 카스피해로 유입되는 볼가-돈강을 통해 흑해와 카스피해를 연결하는 운하를 건설해서 5,000톤급 이하의 선박은 흑해를 경유하여 외해로 진출하는 것이 가능하다. 카자흐스탄의 나자르바예프 대통령은 원유 자원 등 대외 수송로 확보를 위해 카스피-흑해를 연결하는 제2의 운하 건설을 제안하고 있고 러시아도 이 계획에는 긍정적이다. 카스피해는 또한 볼가-돈-드네프르 강 운하를 통해 발틱해와도 연결되어 있다.

카스피해는 그 면적이 일본과 맞먹는 37만km^{2}에 달하고 제일 깊은 곳의 수심은 1,000m가 넘어 호수라기보다는 바다라고 해야할 정도다. 그래서 카스피해의 영어명도 'Caspian Sea' 다. 카스피해가 국제법상 호수인지 혹은 바다인지는 매우 중요한 의미를 지닌다. 카스피해가 호수인 경우, 연안국들은 바다에 대해 동등한 권리를 갖게 된다. 즉 현재 카스피해를 둘러싼 연안국인 러시아, 카자흐스탄, 투르크메니스탄, 이란, 아제르바이잔 5개국이 각각 카스피해 20%의 관할권과 이용권을 갖게 되는 셈이다.

그러나 카스피해를 바다로 보는 경우, 각 연안국은 바다에 연한 해안선의 길이에 비례해서 권리를 갖게 된다. 이 경우 해안선이 가장 긴(30%) 카자흐스탄이 제일 유리하고 상대적으로 해안선이 짧은(12%) 이란은 손해를 보게 된다. 1921년과 1940년 두 차례에 걸쳐 당시 카스피해 연안국이었던 소련, 이란은 카스피해 분할에 관한 조약을 체결한 바 있었다. 1991년 소련의 해체로 카스피해 연안국이 5개국으로 되면서 카스피해의 관할권의 재정립 문제가 대두됐다. 현재 해안선이 짧은 이란, 투르크메니스탄은 카스피해를 호수로 보아야 한다고 주장하고 있고 나머지 세 나라는 바다로 보아야 한다는 주장으로 맞서고 있다. 현재도 카스피해의 법적 관할권에 관한 연안 5개국 간 협상이 진행중인데 쉽사리 결론이 나지 않고 있다.

이 바다 해저에 막대한 양의 원유, 가스 자원을 부존하고 있는 것이 확실해지고 '신엘도라도' 라고 일컬어질 만큼 자원의 보고로 부상하면서 연안국들 간 관할권 분할 문제에 대한 관심은 더 커지

고 있다. 카스피해에 부존됐을 것으로 추정되는 원유는 500~
1,000억 배럴이다. 이것은 세계 최고의 원유 자원국인 사우디의
확인 부존량의 5분의 1에서 3분의 1에 달하는 양인 만큼 경제적
이해는 크다. 러시아와 카자흐스탄, 아제르바이젠은 이미 합의를
거쳐 세 나라 해역을 분할하여 원유 개발에 착수하고 있고 카자흐
스탄이 독접적 관할권을 행사하는 카샤간 해상 유전이 계획대로
2011년경 생산을 개시하면 사우디의 콰와르(Khawar) 유전에 이
어 단일 유전으로는 세계 2위의 매장량과 생산량을 갖는 유전으
로 등장할 전망이다.

카스피해는 전 세계 식도락가들이 탐내는 철갑상어 알의 산지
로 알려져 있었다. 오랫동안의 남획으로 이제는 멸종 위기에 처
한 철갑상어의 보존을 위해 연안국들은 환경 보호를 위한 조치를
취해가면서 유전 개발을 하고 있다고 한다. 현재 이란을 제외한
카자흐스탄 등 4개 카스피해 연안국은 캐비어의 수출을 당분간
중지하고 있다.

카스피해의 남서쪽에 위치한 아제르바이잔의 수도 바쿠항은 세
계에서 가장 오래된 유전으로 노벨상으로 유명한 알프레드 노벨
의 형이 유전을 개발해 부를 축적한 곳이다. 지금은 원유의 생산
뿐 아니라 카스피해산 원유를 지중해로 운송하는 BTC(Baku-
Tbilisi-Ceyhan) 파이프 라인의 기점으로 그 중요성을 더하고 있
다. 이제 BTC 라인이 본격 가동되면 카자흐스탄의 원유가 수송
선을 통해 바쿠로 운반되어 지중해와 유럽으로 수출된다고 한다.

:: 카스피해 항구

:: 위_카스피해 시추선 1
:: 가운데_카스피해 시추선 2
:: 아래_카스피해 시추선 3

우리나라는 카자흐스탄과의 친선 관계를 고려하여 우리 해군이 1980년대부터 보유했던 3척의 고속정을 2006년 카자흐스탄에 인도했다. 바야흐로 카스피해는 원유 수송 탱커와 원유 자원의 보호를 위해 연안국들이 배치한 해군 함정들이 오가는 바쁜 해역이 될 것 같다. 철갑상어뿐 아니라 물개를 비롯한 다양한 바다 동식물의 서식지인 카스피해 자원 개발이 자연 보호와 조화를 이루어야 하는 것도 앞으로의 과제이다.

6

카자흐스탄 석유 개발
전망 및 진출 전략

2003년 5월 카자흐스탄 정부는 자국령 카스피해 석유 장기 개발 계획을 확정 발표했다. 이 계획을 보면, 2005년까지 제1단계로 광구 입찰 및 계약 체결 등을 하며 준비를 하고, 2010년까지의 제2단계 동안에는 본격 개발 및 생산을 하고, 2015년까지의 제3단계 기간 동안에는 생산 안정기를 지속시킨다는 식의 단계별 시나리오로 구성되었다는 것을 알 수 있다.

1990대 초중반 석유 메이저급 회사들이 대거 진출하여 텡기즈,

구 분	2003~2005년	2006~2010년	2011~2015년
석유 생산 목표량(1,000bpd)	10	800	2,000

:: 육상 시추기

카샤간, 카라차가낙 등 거대 유전 개발권을 좋은 조건으로 획득하여 엄청난 수익을 올리거나 기대하고 있어, 카자흐스탄 정부 측은 그 반사 작용으로 원유 수출세의 신설과 국영 기업체 참여 비율을 50% 이상으로 높이는 등의 법제를 신설 또는 강화하며 자국의 이익을 극대화하려 하고 있다. 우리는 2004년 우리 대통령의 카자흐스탄 방문 시 카스피해상의 잠빌 광구 합작 개발에 합의했고, 2008년 석유공사 등 컨소시엄 사들이 카자흐스탄 국영 석유회사인 KMG와 탐사 계약을 맺어 본격적인 탐사가 진행중이다.

그러나 육상 광구의 경우, 해상 광구만큼의 큰 광구는 기대하기 힘들지만 개발비가 비교적 저렴하고, 국영 석유 회사나 정부의 간섭이 비교적 적어 민간 차원의 거래 활동이 자유로울 뿐 아니라 광구의 규모도 다양하게 존재해 석유 회사 간의 지분이동과 탐사 활동이 상당히 활발히 이루어지고 있다. 그러므로 우리 기업들이 카자흐스탄의 육상 광구 진출을 전략적으로 적극 추진할 필요가 있다.

우리나라 기업 중 석유공사와 LG상사가 진출한 아다(Ada) 광구와 에기즈카라(Egizkara) 광구, 세림기업의 서 바조바(West Bozoba) 광구와 사크라마바스(Sakramabas) 광구, LG상사와 SK(주)의 EPC Munai 광구, 석유공사 등 컨소시엄의 남 카르포프스키(South Karpovski) 광구 등 한국 기업이 이미 진출한 광구가 6개나 되며 앞으로도 더욱 증가할 것으로 예상된다.

그러나 상기 광구들은 모두 탐사 광구들로 취득한 것이어서 한 걸음 더 나아가 개발 및 생산 광구의 매입을 적절하게 배합하여 투자의 포트폴리오상 안정성을 꾀할 필요도 있어 보인다.

우리 에너지 외교의 블루오션 :
중앙아시아

2000년대에 들어 국제 원유가가 점차 상승세를 보이더니 2006년에는 역사상 처음으로 원유의 배럴당 가격이 60달러를 넘었고, 2008년 한때 140달러에 이르는 등 고유가 시대가 본격화되고 있다. 2008년 국제 금융 위기 이후 유가는 급격히 하락하였으나 최근에는 다시 상승세를 잇고 있다. 각계의 유가 전망은 다소간의 차이는 있지만 대체로 중국, 인도 등이 급격한 경제 성장을 이루면서 원유 수요는 계속 증가가 예상되는 반면, 국제 에너지 공급에 영향을 미칠 만한 거대한 유전은 아직 발견하지 못해서 단순한 수요 공급의 원리에서만 보더라도 원유가는 계속 상승 곡선을 이어갈 것이라는 것이 일반적인 견해다.

일일 원유 수입량이 230만 배럴을 넘어 미국, 독일, 일본에 이어 세계 4대 원유 수입국인 우리나라로서는 국제 원유가 급등에 대처하여 에너지 사용의 효율성을 높이고 태양열, 풍력, 조력 등 환경 친화적 대체 에너지원을 개발하고 있다. 또한 석유공사와 우리 기업들은 정부와 협조하여 나이지리아, 베트남, 예멘, 영국의 북해, 페루, 러시아의 캄차트카해 등에서 유전을 확보하면서 에너지 자급률을 2013년까지 18%대 이상으로 끌어올린다는 목표를 향해 착실히 전진하고 있다.

　해외 에너지 개발은 탐사부터 생산까지 위험 부담도 높고 비용이 많이 드는 사업이다. 또한 대부분의 산유국들이 원유 생산 상류 부문(upstream)을 국가가 독점하여 외국 기업의 진입을 제한하고 있는 것도 문제다. 이런 가운데 중앙아시아는 우리의 에너지 자급률 제고 노력에 블루오션이 되고 있다. 그중에서도 원유 업계에서 30년 만의 최대 발견으로 일컬어지는 카스피해상 카샤간 유전을 보유하고 있는 카자흐스탄은 새로운 에너지의 공급처로서 국제 사회의 주목을 받고 있다.

　카자흐스탄은 이미 텡기즈 등 육상 유전에서 일산 130만 배럴을 생산하는 주요 산유국이다. 또한 카자흐스탄은 가채 매장량이 300~500억 배럴로 추산되는 카샤간 유전에서 생산이 본격화하는 2015년경에는 원유 생산을 일산 약 300만 배럴 이상으로 증가시켜 세계 7대 산유국 반열에 오를 것이라는 것이 국제 사회의 평가다.

카자흐스탄이 주목받는 이유 중 또 하나는 원유 생산 부문의 개방성이다. 이 나라에는 소위 원유 메이저들이 모두 진출해 있고 정부는 국가 소유 육상 광구 소유권을 매년 국제 입찰에 붙인다. 우리나라도 2004년 정상회담에서 합의하여 2008년 우리나라 국무총리의 카자흐스탄 방문시 공동 탐사가 타결된 카스피 해상의 잠빌 광구를 비롯하여 6개 유전의 탐사권을 확보해서 생산을 위한 준비를 진행시키고 있다. 이러한 대외 개방적 에너지 시장 정책으로 카자흐스탄은 2000년부터 2007년까지 연평균 10%에 가까운 경제 성장을 구가하며 막대한 원유 수입을 산업 다변화 추진에 투입하고 있다.

우리 기업들도 IT, 발전 등 사회 간접 자본 건설 등 부문에서 카자흐스탄 진출에 본격 착수하고 있다. 2009년 우리 한전과 삼성물산이 수주한 카자흐 동남 지역 발하시 화력 발전소 건설 공사는 27억 달러 규모로 역대 우리의 해외 화력 발전 수주로는 가장 큰 공사다. 말하자면 카자흐스탄과 같은 자원 부국에 대한 진출은 에너지 자원 확보 자체에도 의미가 있지만 자원 부국들이 자원 수입으로 추진하는 산업 다변화 계획에 참여하는 것도 실익이 있다고 할 수 있다.

2008년부터 시작된 국제 금융 위기는 중앙아시아 국가 중에서는 가장 개방된 금융 부문을 가진 카자흐스탄에도 영향을 미치고 있다. 국제 금융 시장이 위축되어 카자흐스탄 금융권은 전반적인 신용 경색을 맞고 있고 이로 인해 카자흐스탄 경기 부양의 전초

역할을 하던 건설 시장이 타격을 받는 등 전반적으로 카자흐스탄 경제는 조정기를 맞고 있다. 그러나 앞서 언급한 바와 같이 3~4년 후 원유 생산량 증가가 확실시되는 카자흐스탄의 경제 회복과 고도 경제 성장 복귀 전망은 밝다.

우리의 에너지 자급률을 높이는 데 중요한 재원의 문제도 에너지 협력 기금의 확대와 사적 펀드 조성 등을 통한 해외 투자 자유화 정책에 힘입어 상황이 개선되고 있다. 에너지 자급률의 제고는 우리 기업들이 현장에서 검은 황금을 찾고자 발로 뛰면서도 이루어지지만, 발전성 있는 생산 광구를 바로 인수하거나 유망한 탐사 광구의 지분에 투자함으로써도 가능하다는 점이다. 중국은 이미 카자흐스탄에서 2005~2009년간 막대한 재원을 들여 3개의 생산 광구를 인수했고, 일본은 세계 최대 유전 중 하나인 카샤간 해상 유전 컨소시엄에 참여하여 지분을 확보했다.

최근 《이코노미스트》는 미래의 세계 경제를 경제적 포스트모더니즘의 시대로 규정하고 새로운 시대의 부는 금융과 지식 기반 산업에서 창출될 것이라고 내다보았다. 산업 혁명의 원조였던 영국이 제조업에서 기반을 잃어가고는 있지만, 세계 5대 경제 대국으로서의 지위를 여전히 유지하고 있는 경험에서 비롯된 통찰로 여겨진다. 실제로 영국은 중앙아시아 각국에서 BP(British Petroleum), BG(British Gas)가 주요 에너지 생산 광구의 주사업자로 활동하거나 유망 광구의 지분을 확보하고 있을 뿐 아니라 유전이나 광물 광구의 타당성 조사, 회계, 시장 조사, 투자, 법률

자문 등 업무의 대부분을 영국계 회사가 맡고 있고, HSBC 등 영국계 금융 기관도 카자흐스탄에 법인을 설립하여 활발한 활동을 벌이고 있다.

앞으로 우리의 해외 에너지 확보 전략도 원유 탐사나 직접 생산에 노력을 계속 기울이는 한편, 에너지 전문가를 양성하고 금융 기법을 동원한 입체적인 접근을 통해 새로이 전개되는 '금융의 시대'가 우리에게 제공하는 기회들을 최대한 활용하는 방향으로 나아가야 할 때가 온 것이다.

8

카자흐스탄의 금융업

카자흐스탄이 구소련공화국 중 금융 분야가 가장 발전한 나라라는 사실은 잘 알려져 있지 않다. 카자흐스탄은 1991년 독립 이후 전격적인 대외 개방을 통해 금융 부문을 비롯한 경제의 전환에 착수했다. 그 결과는 당시로서는 혼란이었지만 시간이 지나면서 희생을 무릅쓴 개방의 효과가 나타나기 시작했고, 그 변화가 가장 두드러진 분야가 금융 부문이었다.

카자흐스탄에는 현재 33개의 은행이 있다. GDP가 1,000억 달러 정도인 나라로서는 그 수가 많은 편이지만 그중에는 Citicorp, HSBC 등 세계 굴지의 외국 은행을 포함한 외국계 은행도 14개나 있다.

카자흐스탄의 금융 부문이 눈부신 발전을 한 데는 여러 가지 이유가 있지만 1990년대 CIS 국가 중 가장 빨리 금융권의 사유화를 완성하고 부실 금융 기관의 통합 합병, 금융 제도의 자유화, 금융 감독 기능의 강화 조치를 도입한 것이 주요인이다.

우리나라의 1960~1980년대에 걸친 개발 연대에는 정부의 정책이 산업 발전을 주도했고, 정부가 금융 기관의 가장 큰 대주주였던 상황에서 금융 기관은 제조업 등 산업의 자금 조달책에 머물렀었다. 그런데 카자흐스탄의 경우는 우리와 달리 금융 부문이 먼저 개방, 사유화되어 산업 부문을 이끌어가고 있는 셈이다.

카자흐스탄도 1998년 러시아 금융 위기 때 충격을 받았지만 마침 원유 생산이 본격화되어 경제가 활기를 띠기 시작한 것 외에 금융 부문 자체의 자생력과 1990년대부터 강화해온 중앙은행의 감독 기능이 힘을 발휘해서 금융 위기를 무사히 넘겼다고 한다.

카자흐스탄 내에서 중앙은행은 가장 효율적으로 운영되는 정부 기관의 하나로서 인플레 억제를 최대 목표로 하여 효과적인 기능을 하고 있고, 2003년 출범한 금융감독원은 과도한 기채와 대출 관리 등의 업무를 수행하고 있다. 카자흐스탄 내 은행 설립은 외국인을 포함하여 자본금이 1,700만 달러를 넘는 경우 자유로우며, 외국 은행의 경우에도 카자흐스탄의 신용등급(BBB)보다 높으면 즉시 설립이 가능하다. 또한 2006년에는 추가 외환 자유화 조치가 시행되어 외국 기업의 과실 송금 등에는 전혀 제약이 없다. 한편, 카자흐스탄은 현재 은행 수가 경제 규모에 비해 과다하다고 보고, 부실 은행의 경우에 면허를 회수하는 등의 방법으로 그 숫자를 25개 정도로 통합하는 정책을 추진하고 있다.

2000년대 중반 카자흐스탄의 금융 부문은 급격히 늘어나는 원유 수입과 약 400억 달러에 달하는 외국인 투자, 그리고 카자흐스탄의 지속적인 고속 성장에 대한 국제 금융 기관의 평가와 국제 신인도의 개선에 따른 해외 자금 기채가 용이해진 점 등에 힘입어 2001~6년간 자산이 6배 증가하였다. 또한 대출 증가율은 2004년 52%, 2005년 75%, 2006년 50%에 달했으며, 2007년 현재 금융 부문의 전체 자산이 517억에 달하여 GDP의 74%에 이르는 미증유의 성장을 거듭하고 있었다. 금융 감독 기관들은 시중 은행들의 유로채 발행 등이 과도하게 이루어지지 않도록 지급 준비율을 높이고 부동산을 담보로 한 대출의 비율을 억제하는 등 감독을 강화했을 정도다.

그러나 2007년부터 시작되어 2008년 리먼브라더스의 도산으로 최악의 상황으로 치달았던 국제 금융 위기는 카자흐스탄 은행들의 눈부신 발전에도 제동을 걸었다. 2000년대 중반 카자흐스탄 은행들의 성장은 국제 금융 시장에서 차입한 자금을 바탕으로 당시 붐이 조성되던 부동산 시장에 융자를 확대하면서 이루어졌다. 카자흐스탄 은행들은 국내 예금보다는 해외 금융 시장에서의 기채한 자금에 의존하여 대출을 확대했고, 한때 해외 시장에서 차입한 자금이 카자흐스탄 금융권 전체 자산의 50%를 차지할 정도였다. 그러나 국제 금융 시장의 신용 경색으로 더 이상 해외에서 차입이 불가능해지고, 오히려 채권 상환 요청이 쇄도하자 카자흐스탄 은행권의 유동성은 악화되었다. 당시 카자흐스탄 은행들은 부동산 담보 대출과 개발 투자 금융으로 국내 부동산, 건설 시장 활황에 결정적 역할을 하고 있었으나 신용 경색으로 더 이상의 부동산 대출과 투자를 하지 못하게 되면서 부동산 시장은 침체되었다. 그리하여 은행 대출에 대한 고객들의 상환 불능이 만연하게 되어 금융권과 건설 시장이 연쇄적으로 급격히 위축되었다.

이런 상황에서 카자흐스탄 정부는 2009년 초 카자흐스탄 간판 스타급 은행 4개의 도산을 막기 위해 국유화 혹은 부분 인수 등의

:: 카자흐스탄 화폐인 '텡게' 화의 상징 발표 현장, '텡게' 상징은 일본 우편번호 표기인 〒와 유사

방법으로 자금 지원을 단행했고, 우여곡절은 있었으나 금융권의 붕괴는 겨우 피할 수 있었다. 그러나 카자흐스탄이 은행권의 위기를 겪으면서 치른 대가는 만만치 않다. 카자흐스탄의 국제 금융 위기 전 국제 신용 등급은 영국의 피치 사 기준 BBB로서 우리의 당시 신인도가 A$^+$보다는 4단계 낮지만 러시아와는 같았다. 그러나 현재 국제 신용 평가는 2008년 금융 위기 이후 하락된 상태다. 한편 카자흐스탄의 국가 경쟁력의 순위는 WEF(World Economic Forum) 기준으로 2006년 56위에서 2009년 74위로 하락했다. 경쟁력 순위 50대국 입성을 국가 목표로 하는 카자흐스탄으로서는 실망스러운 결과다. 이러한 경쟁력 추락은 역시 원유 등 원자재 가격의 하락과 국제 금융 위기가 초래한 결과다.

국제 금융 위기를 맞아 카자흐스탄 금융권은 그 취약성을 드러냈다. 카자흐스탄 은행들이 예금보다는 해외 차입으로 대출 자금을 확보함으로써 국제 금융 시장이 제대로 작동되는 경우에는 탈이 없었지만, 금융 위기로 국제 신용 경색이 일어나자 잠재된 문제가 나타난 것이다. 금융 위기 전에도 국제 신용 평가 기관들은 카자흐스탄의 성장 가능성을 높이 평가하면서도 유가의 급격한 하락, 인플레의 과열, 금융 기관의 과다한 해외 차입 및 부동산 대출 과열의 위험성을 경고했었다.

돌이켜보면 부실 채권을 무리하게 증권화(securitization)하여 이윤 확대에만 열을 올렸던 서방권 은행들이나 해외와 국내의 이자 차이를 이용하여 해외에서 과도하게 들여온 차입금을 부동산

투자에 쏟아넣은 카자흐스탄 은행권이나 최대 이윤 확보를 위해
위험 관리에서 실패했다는 점에서 별 차이는 없다. 다른 점이 있
다면 미국에서는 부동산 시장의 추락 조짐이 금융 위기를 야기한
데 비해 카자흐스탄에서는 국제 금융 위기로 빚어진 유동성 경색
으로 부동산 시장이 동반 추락해서 앞뒤가 바뀌었다는 정도다.

그러나 카자흐스탄 정부는 금융권을 주도하는 은행들의 일부
주식을 인수하거나 혹은 완전 국유화를 해서 유동성 문제를 진정
시켜 은행권의 붕괴는 막았다. 또한 카자흐스탄의 원유 생산량이
2015년까지는 현재의 2배 수준으로 증가할 전망이고, 현재 약
230억 달러에 달하는 외환 보유고가 당분간 카자흐스탄의 대외
신인도를 유지하고 경제를 안정화하는 기능을 할 것이기 때문에

:: 누르뱅크 본점

카자흐스탄의 금융권이 이번 위기에서 드러난 자산 위험 관리 등 문제점을 개선한다면 향후 수년 내에 새로운 모습으로 다시 부상하는 것이 불가능하지는 않다.

카자흐스탄 정부는 2006년 자본 시장 육성을 위한 경제 특구를 지정, 알마티 금융센터(Reginal Financial Center of Almaty City, RFCA)를 출범시켰다. 카자흐스탄의 발전된 금융업을 기반으로 외국의 금융사와 투자자를 자본 경제 특구에 유치하여 알마티를 중앙아시아 금융 허브로 도약시키고, 우선 카자흐스탄 증시의 활성화를 위해 국내 기업은 물론 해외 기업의 카자흐스탄 증시 성장을 촉진시킨다는 계획이다.

현재까지 카자흐스탄의 대기업들 간에는 기업 공개(Initial Public Offering, IPO)와 기업 인수·합병(M&A)이 유행이다. 경제 규모가 확대됨에 따라 카자흐 기업들 간에도 증자를 통해 사업 규모를 늘리고 미래에 대비한 시장 점유율과 경쟁력을 확보해야 한다는 의식이 확산되고 있는 데 기인한 결과다.

IPO는 여태까지는 런던 증시 등 해외에서 하는 것이 관행이었다. 이미 카작무스(구리), 카작골드, 카즈무나이가스(석유), 카자코메르츠 은행, 할릭 은행 등이 런던 증시에 성공적으로 상장을 했다. 그러나 앞으로 정부의 자본 시장 활성화 정책에 따라 해외 IPO의 경우, 상장 주식의 일정 부분을 카자흐스탄 증시에 의무적으로 상장되도록 하는 등의 조치가 취해지고 있어 카자흐스탄 증시는 앞으로 거래 물량이 늘어 급속히 활성화될 것으로 예상된다.

2007년 현재 카자흐스탄 증시에는 32개 회사가 상장되어 있고 시가 총액은 약 490억 달러로 2006년에 비해 100% 성장했다.

10여 년 전 성공적인 연금 개혁을 통해 조성된 연금 펀드의 규모는 2007년 현재 약 77억 달러이다. 아직은 대부분이 해외 투자로 운용되고 있으나 앞으로는 카자흐 국내 증시 활성화에 중요한 재원으로 활용될 것으로 예측된다.

우리 증시도 RFCA와 2006년 12월 양국 기업의 교환 상장 등을 위한 협력 MOU에 서명했다. 또한 2008년 국민은행은 우리 은행으로는 처음으로 카자흐스탄의 뱅크 센터 크레디트(Bank Center Credit) 은행의 지분을 인수, 카자흐스탄 금융 시장에 본격적으로 진출했고, 신한은행도 카자흐스탄 현지 법인을 출범시켜 앞으로 한국과 카자흐스탄 간 금융 분야 관계는 더욱 본격화될 전망이다.

9

생동하는
건설 시장

      카자흐스탄 건설 시장은 2000년대 초부터 금융 위기가 찾아온 2008년까지 유례없는 호황이었다. 당시에는 카자흐스탄은 자주 출장 오는 사람들조차 다시 방문하면 이구동성으로 "와! 완전히 다른 나라네!"라는 감탄이 섞인 찬사를 연발하곤 했다. 그도 그럴 것이 카자흐스탄 사람들조차도 하루하루 변해가는 도시 모습에 매일 놀랄 정도였다.

      카자흐스탄의 변화가 건축 붐에 그대로 반영되는 모습은 어디서나 볼 수 있다. 실제로 알마티나 아스타나를 거리를 지나다 보면, 여기저기서 아파트, 오피스, 호텔 등 각종 건물의 건축 현장을 쉽게 볼 수 있을 뿐만 아니라 도로 공사로 여기저기 길들이 막혀 교통 체증이 매우 심해지는 것을 피부로 느낄 수 있다.

당시 카자흐스탄 전역의 건축 분야 성장 속도는 통계 자료로도 쉽게 알 수 있다.

이와 같은 건축 분야의 급속한 성장은 카자흐스탄의 경이적인 경제 발전 속도와 무관하지 않다. 2001년 이후 카자흐스탄은 연 8~10%대의 고속 성장을 해왔으며, 피치 등 국제 신용 평가 회사들은 고유가의 지속과 국제 광물 자원 가격의 급속한 상승, 지속적인 경제 개방 정책 및 건전한 거시 경제 정책 추진, 국내 정치의 안정 등에 힘입어 카자흐스탄의 경제는 앞으로도 연 9% 이상의 고도 성장을 지속할 것으로 전망하고 있다.

특히 2015년까지 카샤간 유전 등의 개발이 완료되면 원유 생산량이 현 수준의 두 배에 가까운 일산 300만 배럴에 이를 것이 거의 확정적이고 보니 당시 매일 유가가 급등하는 추세 속에서 카자흐스탄에 대한 경제 전망은 밝을 수밖에 없었다. 또한 고유가로

표4. 건축 관련 주요 통계

구 분	2001	2002	2003	2004	2005
건축 면적(단위 : 1,000㎡)	1,506	1,552	2,111	2,591	4,992
인구 1,000명당 면적(단위 : ㎡)	101.6	104.5	141.2	171.9	328.0
아파트 수(단위 : 1,000채)	12.5	12.61	8.22	1.9	43.8
건설 부문 생산액 (단위 : 100만 텡게)	253,690	388,977	424,994	527,793	817,821
건설 회사 수	3,614	3,773	4,289	4,924	5,624

〈카자흐스탄 통계청 자료〉

:: 동일하이빌 아파트 단지 건설 현장

원유 수급에 대한 불안감이 팽배하고 지구 온난화의 주범으로 공인된 이산화탄소 배출 절감을 위해 보다 환경 친화적인 원전 건설이 르네상스를 맞는 상황에서 세계 제2위의 우라늄 매장국으로서 세계 제일의 우라늄 생산국으로 발돋움하는 것은 시간 문제였다 (카자흐스탄은 2009년 이미 13,600톤을 생산하여 세계 제1위의 우라늄 생산국으로 등극함). 이외에 카자흐스탄이 풍부하게 보유한 동, 금, 석탄, 철광 등 여타 광물 자원의 생산량 확대까지 고려한다면, 원자재 가격의 상승기에 카자흐스탄의 향후 경제 발전 전망은 밝다고 할 수 있다.

카자흐스탄의 급속한 경제 발전으로 카자흐스탄의 1인당 GDP 도 2001년 1,000달러 수준에서 2006년 5,100달러 수준으로 증가 했으며, 2008년에는 8,200달러에 달했다.

사정이 이렇다 보니, 국제 자본 및 외환의 카자흐스탄 유입이 가속도가 붙게 되고, 유입된 외국 자본과 외환은 자연스럽게 부동산 투자 붐을 지원하는 탄환 역할을 하게 됐다. 뿐만 아니라 대다수의 카자흐스탄 국민들은 주택 가격의 60~100%를 모기지 형태로 은행에서 대출받아 아파트 등 주택을 구입하고 있으며 모기지 대출 상승세는 연 80%에 달할 정도였다. 외국 기업들의 지사 설립 확대 및 카자흐스탄 기업들의 양적·질적 확대 등으로 인한 현대적 오피스 수요 증가와 함께, 외국 기업 주재원의 증가, 주변 CIS 국가들로부터의 노동력 유입 확대, 부유해진 카자흐스탄 국민들의 현대화된 고급 주택에 대한 수요 증가 등으로 자연스럽게 건축 시장은 활황을 누리고 있었다.

또한 카자흐스탄 정부는 국민 주생활 개선을 위해 2008~2011 년간 약 25만 가구에 국민 주택을 공급하는 계획을 추진하기도 하여 카자흐스탄의 주택 경기의 활황세를 부추겼다.

여기에 더해 1997년 나자르바예프 대통령이 수도를 아스타나로 이전하고 아스타나를 국제적 규모의 도시로 발전시킨다는 계획하에 아스타나 신도시 건설을 착실하게 진행하고 있으며, 알마티를 중앙아시아 제1의 경제 중심 도시로 발전시키기 위해 도시

정비와 주변 위성 도시 건설을 적극 추진하고 있어 이에 따른 건축 수요도 상당한 규모에 달한다. 여기에 더하여 2011년 알마티 동계 아시아 경기 대회 준비를 위한 경기장, 숙박 시설 등 건축 수요도 고려한다면, 카자흐스탄 건축 시장의 발전 가능성을 쉽게 짐작할 수 있다.

더 중요한 것은 카자흐스탄 건설 시장 발전 가능성이 건축 시장에만 한정되지 않는다는 점이다. 아직 건축 기자재의 국내 생산이 부족한 카자흐스탄은 주택 건설에 필요한 건자재를 주로 중국, 러시아 등으로부터 수입에 의존하고 있다. 이에 따라 카자흐스탄 정부는 건축 기자재 생산을 중점 육성 산업으로 지정하고 있어, 한국 기업들의 건자재 수출이나 투자 진출 기회도 확대되고 있다.

대도시의 급격한 팽창은 자연스럽게 차량 수의 급속한 증가로 이어져 이미 알마티의 교통 체증은 서울보다 심할 정도며, 한때는 한가하기만 했던 신수도 아스타나도 벌써 교통 체증에 몸살을 앓기 시작했다. 카자흐스탄 정부는 도로 확장 및 개선, 도심 및 외

표5. 차량 증가 현황

구 분	2001	2002	2003	2004	2005
승용차 수	1,057,801	1,062,554	1,148,754	1,204,118	1,405,325
버스 수	50,162	51,367	61,391	62,894	65,698
트럭 수	204,568	214,191	223,063	224,872	281,538
특수 목적 차량 수	36,960	36,938	38,264	40,373	…

(카자흐스탄 통계청 자료)

:: 위_플랜트
:: 아래_외곽 도로 건설

곽 환상 도로, 고가 도로, 지하철 등 도시 교통망 개선 사업과 함께 국가 발전의 동맥인 지방 도로와 철도망의 확대 · 현대화를 지속적으로 추진 중이다.

여기에 더해 원유 등 광물 자원 수출 확대에 따른 항만, 파이프라인 건설, 카자흐스탄 정부가 집중 추진 중인 석유 화학 산업 시설 건설, 전력 부족 문제 해결을 위한 발전소 및 송전 시설 건설 등의 수요도 고려한다면, 카자흐스탄의 건설 수요는 매우 크다.

그러나 현재 카자흐스탄 건설 시장은 2000~2007년 동안 호황기를 누리다가 국제 금융 위기의 여파로 급격한 침체에 빠져 50% 이상의 공사가 중단된 상태이다. 싼 금리의 단기 자금을 해외에서 차입하여 하루가 다르게 값이 치솟는 부동산에 투자를 하려는 개발 회사, 개인에게 높은 금리로 융자를 하면서 자산을 부풀리던 카자흐스탄 은행권이 국제 금융 위기로 더 이상의 해외 차입이 어려울 뿐 아니라 기존 채무의 상환 압박에 시달리면서 연쇄적으로 부동산 투자에 대한 융자를 멈출 수밖에 없었다.

카자흐스탄 정부는 2008년부터 건설 시장 안정화 조치로 우선 미완공 아파트에 약 40억 달러에 이르는 국가 보조금을 본격 지원하였고 현재는 건설 시공이 일부 재개되는 등 건설 경기가 다소 나아지는 조짐을 보이고 있다.

경기 침체로 건설 시장 규모는 2007년 108억 달러에서 2008년 119억 달러, 2009년 119.3억 달러로 절대치로는 다소 증가하였으나 건설업이 GDP에서 차지하는 비중은 2007년 12.7%에서 2009

표6. GDP 및 건설 부문 성장률(%) 추이

구분	2005	2006	2007	2008	2009[*]
GDP(십억 달러)	50.6	68.1	84.8	106.1	107.7
건설 부문(십억 달러)	5.45	10.2	10.8	11.9	11.9
건설/GDP 비중(%)	10.7	14.9	12.7	11.2	11.0

자료 : 카자흐스탄 통계청(* 전망치)

년 11%로 감소하였다.

한편, 카자흐스탄 정부는 경제 성장을 뒷받침하기 위한 인프라 개발 사업을 지속적으로 추진하고 있는데, 현재 IBRD, ADB, IDB, EBRD 등 해외 차관을 통해 고속도로 국제 입찰을 계속 발주하면서 정부 · 민간 합작(Public-Private Partnership, PPP) 방식을 통한 도로 건설도 적극 추진 중이다. 2009년 한전과 삼성물산이 27억 달러 규모의 발하시 화력 발전소를 수주함으로써 우리 기업들이 기술력과 해외 공사 경험을 살려 카자흐스탄 사회 간접 자본 건설에 본격적으로 참여하는 신호탄이 되었다.

일반 부동산 시장의 경우, 일반 주택의 거래 가격은 2009년 10월 이후 월 약 0.1~1% 범위에서 미미한 상승을 하고 있으나(평균 1,600$/m^2, 알마티 기준) 경기 침체를 반영하여 상가와 오피스의 매매는 거의 중단되었으며 임대료도 계속 하락 추세에 있다.

제반 상황에 비추어 2010년 하반기부터는 일부 시중 은행의 대출 여력이 회복될 것으로 전망되고 카자흐스탄 정부가 확고한 경

표7. 건설 산업 전망

구 분		2010f	2011f	2012f	2013f
건설산업규모	(십억 달러)	13.14	14.91	17.34	19.92
실질 성장률	(%)	5.06	7.30	10.38	9.84
GDP 비중	(%)	10.01	10.17	10.34	10.49

출처) BMI report, 주) f: BMI 추정치

기 부양 의지를 갖고 있어 카자흐스탄의 장기적 경제 전망은 원유 등 풍부한 부존 자원에 비추어 밝은 편이라 건설 경기의 본격 회복은 2011년 하반기에는 가능할 것으로 예상된다.

10

카자흐스탄의 미래 :
우주 항공 산업

많은 사람들은 카자흐스탄 하면 광활한 스텝에 양떼를 몰고 다니는 말을 탄 목동들을 연상하거나 카스피해에서 석유가 펑펑 쏟아져 나와 고유가 덕분에 지난 몇 년 사이에 졸지에 부자가 되어버린 나라 정도로 알고 있다. 그러나 세계 최대의 우주 기지가 카자흐스탄에 있다는 것을 아는 이들은 그리 많지 않다.

카자흐스탄 서남부 중심 도시인 크즐오르다시에서 북서쪽으로 약 160km를 가면 시르다랴 강변에 자리 잡은 바이코누르 우주 기지(Baikonur Cosmodrome)를 만날 수 있다. 1961년 4월 12일 아침 세계 최초의 우주인 유리 가가린이 지구 궤도로 비행할 때 탔던 우주선 보스톡(Vostok)이 발사된 곳이 바로 이 바이코누르 우주 기지이다. 그 후 세계 최초의 여자 우주인 발렌티나 테레슈코바를 비롯하여 150여 명의 우주인들이 이곳에서 우주로 비행했고 우리 귀에 익은 우주 정거장 미르(Mir), 소유주(Soyuz), 프로그레스(Progres) 등이 이곳에서 발사되기도 했다. 2008년 4월 우리나라 최초의 우주인 이소연이 우주로의 여행을 시작한 곳도 바이코누르였다. 1960년 5월 1일 파키스탄에서 출격한 미국의 첩보기 U-2기가 소련 미사일에 의해 격추되어 러시아와 미국 사이에 험악한 분위기가 연출된 바 있는데, U-2기가 정찰 비행을 했던 곳이 바로 이 바이코누르 기지다.

사실 바이코누르 우주 기지는 처음부터 바이코누르라는 이름으로 시작된 것은 아니다. 1955년 소련은 세계 최초로 대륙 간 탄도 미사일(ICBM)을 만들어냈는데 이 미사일을 시험 발사할 수 있는 기지를 찾던 중 카자흐스탄 시르다랴 강변에 위치한 튜라탐을 선정했고 대략 1956년경 발사 기지가 완공된 것으로 알려져 있다. 1961년 4월 유리 가가린이 지구 궤도를 움직인 직후 소련은 세계 항공연맹(International Aviation Federation)에 발사 장소를 등록해야 했는데 발사 기지 위치를 비밀로 하기 위해 둘러댄 곳이 바로 튜라탐에서 북서쪽으로 340km 떨어진 곳에 위치한 바이코누르 마을이다. 그 후 소련은 튜라탐을 레닌스크로 명명했고 1995년 12월 옐친 대통령이 이곳을 바이코누르라고 공식 명명하기에 이른다.

지금은 바이코누르 우주 기지에 러시아와 카자흐스탄 국기가

:: 바이코누르 우주 기지

나란히 게양되어 러시아와 카자흐스탄이 이 우주 기지를 공동으로 운영하고 있음을 쉽게 알 수 있다. 소련이 와해된 이후 양국은 바이코누르 우주 기지의 소유권 및 운영권 문제를 둘러싸고 지루한 협상을 벌인 끝에 2004년 1월 양국은 러시아가 2050년까지 이 우주 기지를 사용하고 카자흐스탄은 연간 1억 5,000만 달러의 임대료를 러시아로부터 받는 데 합의한 바 있다. 카자흐 말인 '바이코누르'를 영어로 번역하면 'Golden Land'인데 그야말로 '금싸라기 땅'이 아닐 수 없다.

러시아가 대부분의 군사용 로켓 발사를 러시아 북서쪽에 위치한 플레세츠크(Plessetsk)로 이전하여 지금은 통신 위성 발사 등 평화적인 목적의 로켓 발사기지로 이용되고 있다.

이 우주기지는 러시아 기술로 운영되고 있음은 두말할 필요도 없지만 카자흐스탄이 단지 땅만 빌려주고 임대료만 챙기는 것은 아니다. 이미 카자흐스탄 최초의 우주인 토호타르 아우바키로프가 1991년 소유즈 T-12를 타고 우주 기지 미르로 비행한 바 있고, 1994년 11월에는 탈가트 무사바예프가 카자흐스탄 흙 한줌을 손에 쥐고 소유즈 TM-19를 타고 미르로 비행했는데, 후에 탈가트는 세계 최초의 우주 관광객인 미국의 부호 데니스 티토를 태운 우주선의 선장을 맡기도 했다. 이제까지 5명이 호사가들이 바이코누르를 출발하여 국제우주정거장(International Space Station, ISS)까지 우주 관광을 하고 왔는데 이들이 지불한 요금은 1인당 2,000만 달러였다고 한다.

또한 카자흐스탄은 단순히 우주 비행사만을 배출하는 데 그치지 않고 2007년까지 독자적인 우주 산업 설립을 위해 러시아와 공동 프로젝트를 추진하고 있기도 하다. 2006년에 카자흐 최초의 통신 위성인 카즈사트(KazSat)가 발사됐고 우주 발사대 바이테렉(Baiterek)을 러시아와 함께 건설하고 있기도 하다. 바이테렉이 완공되면 카자흐스탄은 세계 우주 항공 산업 분야에서 독자적인 운영권을 갖는 나라로 등장할 것으로 보여 세계의 주목을 받고 있기도 하다.

1870년 4월 러시아 제국 정부는 니키포르 니키틴(Nikifor Nikitin)이라는 괴승을 카자흐스탄으로 귀양 보낸 적이 있는데 당시 정부가 발표한 죄목이 심상치 않다. "니키틴은 러시아 정교 성직자 몇 명이 달로 여행을 했다는 말도 안 되는 소문을 일반에게 퍼뜨려 민심을 흉흉케 했다"는 것이다. 당시 이 괴승이 귀양간 곳이 묘하게도 바로 바이코누르다.

11

카자흐스탄의 미래 청사진 :
50대 경쟁력 국가 진입

카자흐스탄 정부는 2006년 3월 나자르바예프 대통령의 국정 연설에서 경제 정책의 목표를 향후 10년 이내에 세계 50대 경쟁력 국가로 진입하는 것으로 설정했다. 카자흐스탄은 2003년 이미 '2003～2015 혁신적 산업 발전 전략'을 수립해서 카자흐스탄의 경제 발전 방향을 수출 산업 위주의 산업 다변화로 정하고 에너지와 광물 자원 일변도의 경제 구조를 석유 · 화학, 금속 가공, 식품 가공, IT, 물류, 관광 등 분야로 다양하게 바꾸어간다는 전략을 마련해놓은 바 있다.

카자흐스탄이 지향하는 바는 현재의 경제 구조를 보면 자명하다. 카자흐의 연간 수출은 2005년의 경우 약 280억 달러인데 여기에서 에너지와 여타 광물 자원 등 수출이 차지하는 비중은 거의 90%에 이르고, 누계가 약 500억 달러인 외국인 직접 투자 중 에너지와 광물 부문 투자가 약 80%에 달하고 있다.

광물 자원 부문이 경제에서 차지하는 비중이 계속 과중하게 유지되는 경우, 국제 원자재의 변동에 경제가 과도하게 노출되고 또한 유입되는 외화로 인해 카자흐 현지 화폐인 텡게(Tenge)의 실질 인상이 불가피해져서 비에너지 부문의 대외 경쟁력은 약화되기 마련이다. 따라서 카자흐 정부가 지향하는 이른바 지속 가능한 발전(sustainable development)을 이루기 위해서는 비에너지 부문의 육성을 위한 별도 조치가 필요하고 그 결과 입안된 계획이 앞서 말한 혁신적 산업 발전 전략이다.

★ 카자흐스탄은 국제 유가 변동의 충격을 흡수하고 과도한 외환의 유입으로 인한 유동성 증가를 막기 위해 2001년부터 내셔널 펀드를 조성하여 원유 수입을 적립하고 있으며, 2006년 현재 동 규모는 약 120억 달러에 달한다. 카자흐스탄 정부는 또한 2007년 예산부터는 에너지 부문의 세수를 정부 예산에 산입하지 않고 바로 내셔널 펀드에 적립한다는 방침이어서 이 펀드의 규모는 앞으로 더욱 빠른 속도로 커질 것으로 예상된다.

카자흐스탄이 지향하는 궁극 목표가 자원 수출국에 머물지 않고 정부, 기업, 법·제도, 사회, 복지 부문의 현대화를 달성하려는 것이니 만큼, 혁신 산업 전략의 연장선상에서 50대 경쟁력 국가

진입이라는 구체적 목표를 설정한 것이 이해가 된다. 그러나 카자 흐스탄이 현재 에너지 자원의 수출 등에 힘입어 연간 10%에 달하는 경제 성장을 이루고 있지만, 산업의 다변화를 달성하는 것이 쉬운 일만은 아니다.

먼저 카자흐스탄은 인구가 1,600만 명에 불과하고 인근 중앙아시아 국가들은 경제적 상황이 좋지 않은 탓에 국내와 역외 인근 시장의 기반이 취약하다. 카자흐스탄이 혁신 산업 발전 전략을 성안할 때 참고한 것은 우리나라를 비롯한 동아시아 국가들의 발전 모델과 남미 국가들의 발전 유형이었다. 카자흐스탄은 국내와 인근 시장이 취약하다는 점과 남미국가들의 수입 대체 위주의 산업화가 소기의 성과를 낳지 못했다는 점을 감안해서 수입 대체보다는 대외 개방적인 수출 산업 육성의 방향을 선택했고 이는 옳은 선택으로 여겨진다.

그러나 국제 시장에서 경쟁을 하기 위해서는 수출 제품의 경쟁력이 문제가 된다. 카자흐스탄은 아직 국내 기술 기반이 미흡하고 노동력의 숙련도가 낮다. 특히 경제 성장에 따른 임금의 상승과 상대적으로 낮은 실업률(약 8%), 그리고 현지 화폐의 평가 절상 추세, 부동산 시장의 활성화에 따른 토지 비용의 상승 등 생산 요소 비용의 증가는 카자흐 상품의 국제적 경쟁력에 부정적인 영향을 미치게 된다. 더욱이 카자흐스탄과 국경을 연하고 있는 세계의 공장인 중국의 존재는 카자흐스탄 상품의 대외 경쟁력에 큰 도전 요소가 된다.

그래서 카자흐스탄은 산유국과 식량 수출국으로서 원료를 풍부히 생산하는 석유화학 부문, 금속 가공 부문, 식품 가공 부문과 함께 IT, 금융, 물류 등 분야를 국제적 경쟁력을 가질 수 있는 분야로 지목하고 있다.

카자흐스탄 정부는 경제 전략을 수립하면서 국제적인 경제 발전 사례를 참고하는 데 적극적이다. 요즈음 카자흐스탄 지도부 인사들이 자주 언급하는 것은 두바이와 핀란드의 예다. 두바이는 원유 수입을 사회 간접 자본과 호텔, 국제 회의장 건설에 투자하면서 국제 금융, 물류 산업을 유치하여 사막을 관광과 금융, 물류의 중심지로 탈바꿈시키고 있고, 핀란드는 IT, 조선 등 몇 개의 핵심 기술 부문을 특화해 세계 시장에서 두각을 나타내고 있다. 카자흐스탄 정부도 두 나라의 예를 따라 카자흐스탄을 국제 금융, 물류의 중심으로 등장시키는 한편, IT 등 기술 집약적인 첨단 산업에 특화하려는 전략을 추진하고 있다. 특히 카자흐스탄은 세계 제1규모의 바이코누르 우주 발사대가 소재한 국가로서 우주 항공 분야를 카자흐스탄이 특화할 수 있는 분야로 추가해놓고 있다.

실제로 카자흐스탄은 2006년 3월 국영 지주 회사인 카지나 지속발전기금(Kazina Sustainable Development Fund)을 설립, 산업 다변화를 본격적으로 추진하고 있다. 이 회사는 산하에 카자흐 개발 은행, 카자흐 투자 기금, 국가 혁신 기금, 중소기업 지원 기금, 마케팅 및 분석 센터, 카진베스트 등 카자흐스탄이 2001년 이래 설치한 각종 국가 기금을 두고 산업 다변화를 위한 국내 투자,

해외 포트폴리오 투자, 해외 첨단 기술 회사 매입 및 지분 참여를 계획하고 있으며 IT 및 제조업 등 주로 비에너지 산업 분야 발전을 위해 향후 3년간 100억 달러의 투자를 할 계획이다.

이외에 카자흐스탄은 국영 석유 회사 카즈무나이가스와 철도 회사, 전기 회사, 통신 회사 등 우정 회사 카자흐 GDP의 10%를 차지하는 기간 산업 관련 국영 회사를 통합 관장하는 또 하나의 국영 지주 회사인 삼룩(Samruk)을 2006년 1월 발족시켰다. 이러한 조치는 싱가포르의 국영 지주 회사를 모델로 하고 그 목적은 국영 기업의 경영 합리화 외에 주요 국영 기업 주식의 카자흐 증시 상장을 점진적으로 추진하여 자본 시장 육성에 기여하는 한편, 런던증권시장(LSE) 등 국제 자본 시장 상장 시 유리한 조건으로 진출하는 데 있는 것으로 파악된다. 이를 통해 2006년 10월 카자흐 국영 석유 회사인 카즈무나이가스 자회사는 런던 증시에 약 20억 달러 규모의 상장에 성공했다.

카자흐의 혁신 산업 전략에서 한국의 발전 모델은 어떤 역할을 할 수 있을까? 우선 우리는 카자흐스탄이 집중 육성하려는 IT분야 등 첨단 기술 분야에서, 그리고 석유화학 부문, 사회 간접 자본 부문 등에서 협력의 잠재력을 갖추고 있다.

또한 카자흐스탄이 주목하는 두바이와 핀란드는 이미 국민의 생활 수준이 세계적으로 최상위권에 있어 경제 정책에서 정치·사회적 측면이 차지하는 비중은 그리 크지 않다. 그러나 아직 국민의 1인당 GDP가 7,000달러 정도이고 소득 격차와 지역 간 격차가 크며 국토와 인구 면에서 규모를 갖춘 중견 국가인 카자흐스탄의 경우, 경제 정책에서 경제적 효율성을 높이는 문제와 사회·정치적 측면을 동시에 고려해야 할 필요가 크게 마련이다.

특히 카자흐스탄은 2007년 초 국내 30대 기업을 선정하여 산업 다변화 과정에 정부와 기업이 상호 협력하는 경제 개발 방식을 채택해서 재벌 중심의 성장 전략을 선택했던 우리와 유사한 길을 가려고 하고 있다. 재벌의 이점과 폐해를 직접 겪었던 우리의 경험은 물론, 경제 성장을 통해 민주화와 시민 사회를 이루고 그 과정에서 크고 작은 문제에 직면하고 이를 해결해갔던 한국의 발전 경험이 카자흐스탄에 유용할 수 있을 것으로 여겨진다.

12

카자흐스탄,
외국인 투자의 블랙홀?

　　최근 세계 경제의 주요 화두 중 하나는 투자 유치이다. 많은 나라들이 외국인 투자의 효용성과 그 가치를 매우 중요하게 인식하기 때문이다. 카자흐스탄도 예외는 아니다. 1991년 독립 직후부터 시장을 활짝 열고 적극적으로 투자 유치를 추진해왔다. 그 결과 2006년(9월 말)까지 끌어들인 외국인 직접 투자(FDI) 규모는 479억 달러에 달했다.

　　그런데 누계액이 이 정도라고 하면 혹자는 "애개개! 겨우 고작 그것밖에 안 돼?" 하고 폄하할지도 모른다. 그도 그럴 것이 '세계의 공장'이라 불리는 중국이 1년에 끌어들이는 규모가 그 정도를 능가하니 말이다. 그러나 카자흐스탄의 시장 개방 역사가 불과 10

년 남짓하다는 걸 고려할 때, 외국인 투자 누계액 479억 달러는 결코 무시할 규모가 아니라는 점이다.

이유는 이렇다. 첫째, 이는 '-스탄'으로 끝나는 중앙아시아 5개국으로 유입된 외국인 투자 총액의 80%를 넘는 규모다. 돈 냄새를 잘 맡는 외국인 투자가들이 카자흐스탄을 얼마나 유망하게 평가했는지를 단번에 알 수 있다. 뿐만 아니다. 아직도 카자흐스탄은 외국인 투자가들에게 투자 대상 0순위다.

둘째, CIS의 경제 대국 러시아와 한번 비교를 해보면, 1인당 외국인 투자 유치액 면에서 러시아의 10배에 달한다. 카자흐스탄의 시장 개방도가 얼마나 높은지 알 수 있는 대목이다.

셋째, 우리나라와 비교해보자. 우리나라도 1990년대 말 외환 위기를 겪으면서 외국인 투자 유치에 박차를 가했다. 최고로 많이 유치한 해가 약 100억 달러, 적게 한 해는 약 38억 달러 수준이다. GDP 기준으로 우리나라보다 경제력 규모 면에서 10배 정도 작은 카자흐스탄은 2000년대 접어들어 매년 40억 달러대를 유지했고, 2004년에는 무려 83억 달러, 2005년에는 다소 주춤했으나 64억 달러를 기록했다. 다시 2006년에는 가장 높은 규모를 기록했던 2004년에 육박하는 수준에까지 올라섰다. 그것도 한 해가 미처 마감되지 않은 기간 동안의 실적이다. 이 정도면 가히 카자흐스탄의 위상이 어떤지를 가늠할 수 있을 것이다.

현재 카자흐스탄에는 약 500억 달러의 외국인 직접 투자가 추로 에너지 부문에 이루어지고 있지만 카자흐스탄이 산업 다변화를 추진하면서 투자의 구조도 제조업 등으로 다변화되고 있는 추세다. 또한 수년째 이어지는 건설 붐에 따라 부동산이나 건설 분야에 대한 투자도 빠른 속도로 증가하고 있다.

우리나라는 1991년부터 2009년까지 모두 22억 달러를 카자흐스탄에 미국, 네덜란드, 영국 등에 이어 주요 투자국으로서의 지위를 과시하고 있다.

13

카자흐스탄도
해외 투자한다?

카자흐스탄은 CIS에서 투자 유치에 능한 나라일 뿐만 아니라 이제는 주요 해외 투자 국가로서의 위상도 높여가고 있다. 해마다 늘어나는 오일 머니와 함께 최근 매년 10%를 오르내리는 고도 경제 성장이 지속되면서 풍부하게 형성된 자본이 적극적으로 해외로 진출하고 있다.

그렇다면 카자흐스탄이 가장 많이 투자한 나라는 어디일까?

누구나 주지하듯이 카자흐스탄 '에' 가장 많이 투자한 나라는 단연 미국(29%)이다. 그런데 역으로 카자흐스탄 '이' 가장 많이 투자한 대상 국가도 역시 미국이다. 서로 주거니 받거니 한 셈이다. 매우 흥미로운 사실이다. 미국만이 아니다. 다른 선진국에 대한 투자 비중도 높게 나타나고 있다. 독일, 네덜란드, 영국, 스위스, 사이프러스 등도 상위에 올라 있다.

물론 그 내용을 들여다보면 서로 그 성격 면에서 차이가 있음을 알 수 있다. 미국이나 다른 선진국의 대카자흐스탄 투자는 대부분 산업 및 상업 자본인 반면, 카자흐스탄의 대선진국 투자는 대부분 정부의 내셔널 펀드, 연금 기금의 포트폴리오 투자인 것으로 추정된다.

독립 이후부터 2005년까지 카자흐스탄이 해외에 투자한 금액은 모두 151억 달러에 달한다. 경영권 확보를 위한 직접 투자나 주식 투자 같은 포트폴리오 투자 비중은 아직 매우 작다. 채권 매입이나 해외 은행 예금(개인 포함) 등 금융권에 대한 투입한 비중이 제일 높다. 부동산에 대한 비중도 작지 않게 나타나고 있다.

이런 전체적인 윤곽 속에서 실질적으로 순수한 사업 영역 확대 목적으로 한 해외 투자도 최근 들어 활발히 진행되었다. 주로 은행들이 적극적이었다. 자산 규모 기준으로 최상위권에 랭크된 카즈코메르츠 은행(Kazkommerts bank), 투란알렘 은행(BTA), 할릭크 은행(Halyk) 등의 활동이 두드러졌다.

카자흐스탄 은행들은 러시아, 그루지아, 키르기스스탄, 타지키스탄 등 CIS 역내 다른 국가들의 은행을 인수하거나 지분 참여를 늘려나가면서 곳곳에 지점 설립도 적극적이었다. 이는 카자흐스탄이 CIS에서 타의 모범이 될 정도로 발달된 금융 시스템을 통해 얻은 자신감과 축적된 경험의 소산으로 풀이된다. 이와 함께 카자흐스탄 은행들은 금융 분야 뿐만 아니라 다른 분야에도 다양하게 해외 투자를 늘려나갔다. 해외 부동산이나 건축 개발 및 관광 인프라 구축 프로젝트에 핵심적인 투자 대상이었다.

카즈코메르츠 은행은 모스크바 시내에 최대 규모의 종합 쇼핑 비즈니스센터를 건설하는 프로젝트에 3억 달러를 투자했고 이와는 별도로 같은 모스크바에 고급 호텔을 짓는 사업에도 1억 5,000달러를 투자했다. 또한 러시아 2대 도시인 상트페테르부르크의 부동산 개발에도 관심을 보였다.

투란알렘 은행도 그루지야에 짓는 래디슨 이베리아 호텔을 비롯한 관광 인프라 구축에 약 3억 5,000달러를 투자한 것으로 알려졌다.

또한 투란알렘은 그루지야 수력 발전소 건설이나 석유 화학 공장 건설 프로젝트에도 수억 달러를 투자했고 러시아 레닌그라드 주에 설립되는 산업 단지 조성에도 투자를 했다.

한편, 지금까지는 국내 석유나 가스 자원 개발에 주로 외국 투자를 유치해온 카자흐스탄은 외국의 자원 개발 투자에 눈을 돌리고 있다. 카자흐스탄 국영 석유가스공사인 카즈무나이가스(KMG)는 2007년 8월 루마니아의 정유, 주유소 배급망 회사인 롬페트롤(Rompetrol)의 지분 75%를 27억 달러에 매입했다. 또한 러시아를 거치지 않는 원유 수출 노선에 경유 국가로 중요성을 더해 가는 그루지야에는 바투미(Batumi) 항만 터미널, 가스 공급 회사 등에 2008년까지 총 20억 달러를 투자하기도 했다. 한편, 이웃인 키르기스스탄에는 금광, 제당, 관광, 금융, 건설 기자재 등 분야에 약 5억 달러를 투자해 경제력이 취약한 키르기스스탄 경제에 막대한 영향력을 행사하고 있기도 하다.

이런 카자흐스탄의 해외 투자에 대한 적극성과 자신감은 또 다른 면에서도 표출되고 있다. 2006년 초 나자르바예프 대통령은 연두교서에서 첨단 과학 기술을 새로 개발하려면 많은 시간과 비용이 드는 점을 고려할 때, 오히려 그런 기술을 갖고 있는 세계 유수의 기업들을 차라리 인수하는 방향을 검토하자고 기염을 토하기도 했다.

2008년 이래 카자흐스탄의 해외 투자, 특히 은행권의 해외 투자는 국제 금융 위기로 인한 유동성 부족으로 냉각기를 맞고 있다. 특히 해외 부동산에 주로 투자했던 카자흐스탄 은행들은 세계 부동산 시장의 거품이 빠지면서 많은 손실을 입은 것으로 보인다. 카자흐스탄 정부의 자금 사정도 2008년 이래 원유가의 급격한 하락, 국내 산업 부양을 위한 재정 소요 등으로 당분간 본격적인 해외 투자를 재개하는 데는 시간이 걸릴 것으로 예상된다. 그러나 풍부한 부존 자원에서 얻는 수입, 특히 2015년부터 일산 150만 배럴의 카샤간 유전이 계획대로 가동하는 경우 예상되는 막대한 재원을 바탕으로 카자흐스탄은 석유 서비스업, 정유 공장, 주유소 배급망, 항만, 원유 수송망 등 원유, 가스의 가공과 운송에 연계된 해외 시장에 주요 투자자로서 부상을 다시금 노릴 것이다.

14

어떤 나라가 카자흐스탄을
도와주는가?

2006년 OECD자료에 따르면 카자흐스탄은 2003년에 2억 6,900만 달러, 2004년 총 2억 6,500만 달러를 지원받았으며 이는 카자흐스탄 GNI의 0.7%에 해당한다.

2003년 및 2004년 카자흐스탄에 대한 10대 ODA(Official Development Assistance, 공적 개발 원조) 공여국을 보면 일본, 미국, 터키, 독일 등의 순으로 ODA를 많이 제공하고 있다.

공여국들의 ODA지원 주요 분야는 경제 분야 자문, 사회 간접 시설, 교육, 보건 분야 순서로 지원되고 있다.

우리나라는 다른 선진국에 비해 비교적 적은 금액이지만, 카자흐스탄과의 협력을 위해 한국국제협력단(KOICA)을 통하여 주로

표6. 카자흐스탄에 대한 10대 ODA 공여국(2003~2004년 평균)

순위	국가(기관)명	금액(100만 달러)
1	일본	137
2	미국	52
3	터키	15
4	독일	14
5	아랍 국가들	11
6	스페인	11
7	EU	9
8	이스라엘	3
9	네덜란드	3
10	EBRD	3

* 자료원 : OECD

연수생 초청, 봉사단 파견, 전문가 파견, 한의사 및 의사 파견, 프로젝트형 사업, 개발 조사 등의 형태로 2007년 240만 달러의 무상 원조를 지원하였다.

특히, 2006년 9월 22일 '한·카자흐스탄 해외 봉사단 파견 협정'이 체결되어 우리나라는 미국과 함께 카자흐스탄에 봉사단을 파견하는 유일한 국가이다. 2006년부터 카자흐스탄에서 기술 자격 시험을 도입하고 해당 자격증을 발급하여 카자흐스탄의 검증된 기술 인력을 양성하는 데 기여하기 위한 '카자흐스탄 자격확인 검정 시스템 구축 프로젝트(100만 달러 규모)'를 지원하고 있다.

또한 2007년부터 'ICT 훈련센터 건립사업(450만 달러 규모)'과 '경제 특구 및 수출 지원 역량 강화 프로젝트(135만 달러 규모)'를 실시하기 위하여 카자흐스탄 정부와 협의하고 있다. 'IT 훈련 센터 건립 사업'은 카자흐스탄의 IT 산업 발전에 기여할 뿐만 아니라, 우리나라의 IT 산업 진출에 크게 이바지할 것으로 기대된다. '경제 특구 및 수출 지원 역량 강화 프로젝트'는 우리나라의 경제 개발 경험을 토대로 카자흐스탄 정부가 50대 경쟁력 국가로 진입하기 위한 과제로서 시행하고 있는 경제 자유 구역 활성화 계획 및 수출 촉진 전략 수립 등을 포함한 카자흐스탄 각종 경제 개발 계획을 수립하는 것을 지원하는 것으로서 개발 계획 수립 단계부터 우리나라가 지원함으로써 향후 모든 산업에서 전반적으로 우리나라와의 협력을 촉진하는 기반을 마련할 것으로 기대된다.

카자흐스탄은 2006년 OECD통계에 따르면 중저소득국(Lower Middle Income Countries, 1인당 GNI 826~3,255달러)으로 분류되고 있다. 이는 카자흐스탄의 2004년 1인당 GNI 2,260달러를 기준으로 설정된 것이나 2006년 12월 1인당 GNI가 5,100달러를 상회하여, 2007년부터는 중상소득국(Upper Middle Income Countries, 1인당 GNI 3,256~1만 65달러)으로 분류된다. 이에 따라 KOICA의 카자흐스탄 지원은 2009년부터 점차 중지된다. 섭섭한 일이지만 그간 카자흐스탄이 지속적으로 높은 경제 성장을 하여 수원국을 졸업하고 점차 공여국으로 전환되는 것이니 환영할 만한 일이기도 하다. 실제로 카자흐스탄은 이미 아프가니스탄, 키르기스스탄 등에 소규모 경제 원조를 시작하고 있다.

3장

고
려
인

1

카자흐스탄의 고려인 :
의지의 한국인들

카자흐스탄에는 10만의 우리 동포가 살고 있다. 최근 한국에서 사업, 유학 등 목적으로 약 2,500명의 한국 국적 재외 동포들이 새로운 교민 사회를 형성하고 있기도 하다.

흔히 고려인이라고 불리는 10만의 카자흐스탄 동포 대다수는 19세기 중반부터 러시아의 극동 지방에서 이주한 초기 한인 이민의 후예들이다. 이들은 블라디보스토크 등에 둥지를 틀고 20세기 초 일제의 한반도 강점기에 이동휘, 홍범도 장군 등이 이끄는 항일 독립 운동의 근간이 되기도 했다. 이들이 카자흐스탄 등 중앙아시아 국가에 거주하기 시작한 것은 1937년 스탈린에 의해 강제 이주되면서 부터였다.

1937년 8월 소련 정부는 한인에 의한 일본 간첩 행위 근절을 명분으로 연해주 거주 한인들을 중앙아시아로 이주시킨다는 결정을 했고 그해 9월 최초로 약 17만의 한인 이주민을 실은 열차가 카자흐스탄에 도착했다. 마침 겨울이 시작되던 때라 이주민들의 고초는 막심했고 추위와 홍역 등 질병으로 어린이의 60%가 사망했다고 한다. 그때 카자흐인들은 소련 정부의 강제적인 집단 농장 정책으로 약 200만 명이 사망하는 대기근을 겪은 지 얼마 되지 않은 어려운 형편이었음에도 불구하고 외지에서 온 한인들에게 많은 도움을 주었고 현재도 카자흐스탄에 거주하는 고려인들은 카자흐인들의 그 당시 환대와 친절을 기억하고 있다.

그때 강제 이주된 한인 중에는 항일 애국 지사로 우리에게도 잘 알려져 있는 홍범도 장군을 비롯한 애국 투사들도 있었다. 홍범도 장군은 러시아의 연해주를 근거로 항일 유격 부대를 지휘하여 많은 전과를 올렸고 개인적으로 레닌을 만나 권총을 선물받기까지 했다. 그러나 그도 만년에는 고려인 중 하나로 강제 이주의 대상이 되어 궁핍과 어려움 속에서 생을 마감했다고 한다. 홍범도 장군의 묘소는 카자흐 남서쪽 크즐오르다 주에 있고 그는 아직도 재 카자흐스탄 고려인들의 정신적 지주로 추앙을 받고 있다.

카자흐스탄의 고려인들은 처음에는 주로 벼농사에 종사하여 카자흐스탄에 논농사를 도입한 민족이 됐고 카자흐스탄이 소련공화국 중 가장 넓은 논을 가진 나라가 되도록 하는 데 기여했다. 어디서나 우리 민족의 교육에 대한 열의는 대단해서 당시 카자흐스탄

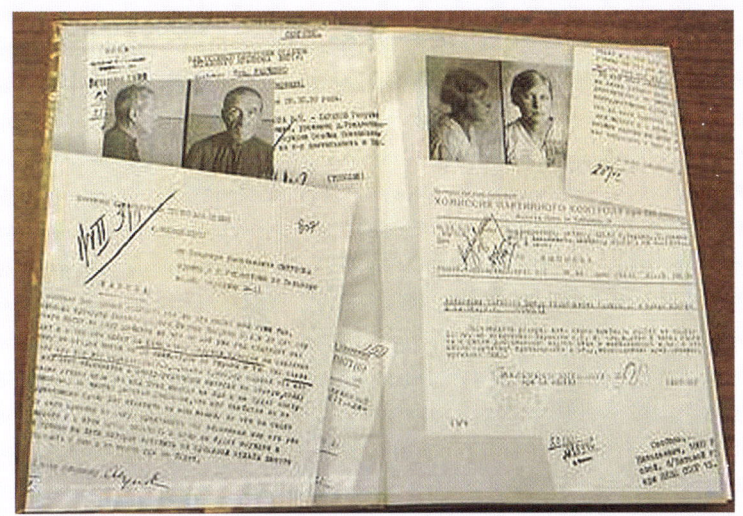

:: 위_ 카자흐스탄의 고려인 관련 서류

:: 아래_ 카자흐스탄 고려인 정주 70주년 기념식 행사

고려인들의 고등 교육 기관 진학률은 소련 전체 평균의 2배가 넘는 25% 수준이었고, 시간이 흐름에 따라 진학률은 더 높아져서 1990년대 중반에 실시한 조사에 의하면 고려인들의 전문 학교 이상 진학률은 52%, 대학교 이상의 학력 소지자는 전체 고려인의 35%에 달했다.

이에 따라 고려인 중에는 정계, 학계, 의학계 등 전문직과 사무직 종사자가 48%에 달하고 있고 이주 당시 한인들의 주요 종사 업종이던 농업 인구는 약 5%에 못 미친다.

그러나 1991년 카자흐스탄 독립 이후 고려인들이 단연 두각을 나타내는 분야는 경제 분야이다. 현재 카자흐스탄 건설업계의 2~3위 업체는 고려인이 운영하고 있다. 전자 제품 유통업은 고려인 업체가 1~3위를 차지하고 있고, 자산 규모로 카자흐스탄 6위인 은행이 고려인 소유인가 하면, 세계적인 구리 생산 업체로 등장한 카자흐무스의 경영진은 고려인이 주류를 이루고 있다.

재 카자흐 고려인들의 왕성한 문화 활동도 괄목할 만하다. 1923년 연해주에서 '선봉'이란 제호로 창간된 한인 신문은 '레닌 기치'로 개편됐다가 1991년 '고려일보'로 제호를 바꾸어 CIS 내 한인 신문으로는 가장 오랜 지령을 가진 매체가 되어 고려인 언론의 전통을 이어가고 있다. 이 외에 고려인 라디오와 텔레비전이 카자흐스탄 내 130개 민족 언론 중에서 가장 활발한 활동을 벌이고 있고 1932년 연해주에 설립됐던 한인 극장의 전통을 이어받은 고려 극장이 카자흐 정부의 지원으로 2002년부터 알마티에 전용 극장을 확보하고 민족 문화의 전통을 이어가고 있다. 고려극장은 세계에서 처음으로 외국 거주 우리 민족이 자체적으로 설립한 민족 극장으로서 자부심을 갖고 있다.

재 카자흐스탄 고려인 사회는 카자흐스탄의 경제가 발전함에 따라 각계에서 중요한 역할을 하는 주요 소수 민족으로서 자리매김을 확고히 하고 있다. 재 카자흐스탄 고려인협회는 2003년에는 현대식 시설의 회관을 마련하여 고려인 사회의 구심점으로 삼고 있는데, 아마도 전 세계 한인 사회 중 우리 정부의 큰 도움 없이 자체적으로 고려인 회관을 마련한 것은 재 카자흐스탄 고려인이 처음이 아닌가 싶다. 그렇지만 어디에서나 그렇듯이 문화 활동에는 충분한 재원 마련이 어려운 형편이어서 우리 정부의 지원이 아직 필요한 분야이기도 하다.

2007년은 중앙아시아에 고려인들이 이주해온 지 70주년이 되는 해다. 재 카자흐스탄 고려인들은 이 행사를 성대하게 치루기 위해 준비를 하고 있다. 우선은 비극의 초창기 역사에도 불구하고 오늘날의 발전을 이룬 것을 스스로 자축하는 의미가 크겠지만 고려인들은 이 행사를 처음 정착 단계의 어려운 시기에 자신들은 따뜻이 맞아준 카자흐인들에게 감사의 마음을 전하는 계기로도 삼고자 계획하고 있다.

사실상 재 카자흐스탄 고려인들의 번영은 스스로 땀을 흘린 결과이기는 하지만 카자흐스탄이 CIS제국 중에서도 가장 빠른 경제 성장을 이루어가면서 관용적이고 개방적인 사회 분위기를 이루지

못했다면 어려운 일이었을 것이다. 이제 우리 고려인 사회는 카
자흐스탄 사회의 중요한 일부분으로 성장해가면서 우리와 카자흐
스탄의 지속적 관계 발전에 교량 역할을 훌륭히 해나가고 있다.

'고려 사람'의 유래

구소련에 거주하던 우리 동포들은 스스로를 '고려 사람' 또는 '조선 사람'이라고 불렀다. 러시아말로 한국인이라는 뜻의 '까레이스키'를 문자 그대로 한국어로 번역하면 '고려 사람'이어서 그렇게 불렀지만 냉전 시대 우리와 국교가 없었던 소련에 거주하던 우리 동포들에게는 북한의 국명이 아무래도 더 친숙했던 까닭에 특히 북한에 살다가 소련으로 이주한 우리 동포들을 중심으로 '조선 사람'이라는 명칭도 꽤 많이 통용됐다고 한다.

그러다가 1988년 한국에서 서울 올림픽이 개최되어 한국의 발전상이 재소 우리 동포들 사이에 알려지고, 한국과 소련 간의 교류가 활발해지자 한국과 북한에 대해 중립적인 '고려 사람'이라는 명칭이 보다 보편화됐다고 한다.

그리고 여기서 알아두어야 할 것은 고려인이 스스로를 부르는 명칭은 '고려인'이 아니라 '고려 사람'이라는 것이다. 대부분 한자를 잊어버린 재소 고려인들에게는 한자어인 인(人)을 쓰지 않고 순수 우리말 '사람'을 붙여 부르는 것이 더 편하고 자연스러웠기 때문이다. 고려 '인'이란 말은 CIS권을 왕래하는 한국 사람들이 쓰기 시작했고 공식, 비공식 석상에서 이 명칭이 자주 쓰이다 보니 이제는 '고려 사람'들도 자신들을 '고려인'이라고 부르는 경우가 많게 됐다.

3

고려인
거주 지역과 현황

🔵　　고려인은 카자흐스탄 전역에 거주하고 있으나 비교적 중남부에 집중하여 살고 있는 편이다. 주요 거주 지역은 알마티와 그 근교, 우슈토베 지역, 크즐오르다, 타라즈 지역 등이다.

⫶ 알마티

구수도 알마티에 거주하는 고려인은 약 2만 명이다. 그런데 1990년대 중반부터 끊임없이 이어지는 농촌 인구의 도시 유입과 인근 국가 고려인의 알마티 이주를 고려해보면 이보다는 훨씬 많을 것으로 추정된다. 고려인 인텔리와 정관계 및 학계, 재계 주요 인사들도 대부분이 알마티에 거주하고 있으며 민족 문화 기관과 단체들도 모두 이곳에 집중되어 있다.

일반 고려인들은 시내 곳곳에 흩어져 살고 있다. 그래서 고려인의 진면목을 보려면 집거도가 높은 시 외곽으로 나가야 한다. 다만 도심에서도 고려인 서민들의 모습을 있는 그대로 볼 수 있는 곳이 있는데 알마티 중앙 시장이 바로 그곳이다. '녹색 시장(젤룐니 바자르)'으로 더 널리 알려진 이곳에 가보면 고려인 아주머니와 할머니들이 각종 김치와 회, 두부, 된장, 순대 등의 전통 음식을 파는 것을 볼 수 있다. 그들은 현지인들에게는 러시아말로, 한국 사람들에게는 러시아말이 섞인 구수한 옛 함경도 사투리로 손님의 발길을 잡는다. 여름과 가을이 오면 수박과 배추 농사를 지어 팔러 온 고려인들이 시장 주변에 임시 가판대를 만들어놓고 바쁘게 거래하는 모습도 볼 수 있다.

시내를 걷노라면 숨겨진 고려인의 숨결을 느낄 수 있는 곳도 적지 않다. '아라싼'이라고 부르는 거대한 대리석 목욕탕, 유명한 28공원 전몰 용사 조각상 맞은편에 웅장하게 서 있는 '병기창' 건물, 친선 대로를 타고 올라가다 마주치는 장엄한 모습의 '공화국 회관' 그리고 독특한 양식의 '어린이 궁전' 등은 황 와짐과 이 블라지미르라는 뛰어난 고려인 건축가가 설계한 건물들이다. 스키장이 있는 톈산 쪽으로 가다 보면 스케이트장 너머에 서 있는 거대한 댐의 위용도 보이는데 이는 봄에 눈이 녹으면서 톈산의 토사가 함께 무너져 내리는 것을 막아 도시를 보호하기 위해 1972년

고려인 허가이 알렉세이 씨의 주도로 세워진 기념비적 구조물이
다. 시내에는 카자흐스탄 초대 헌법위원장을 지낸 고 김유리 씨
의 이름을 딴 김유리 거리도 있다.

알마티에 있는 중요한 고려인 문화 기관 및 단체로는 카자흐스
탄고려인협회, 알마타시 고려민족문화중앙, 고려일보사, 국립고
려극장, 문화단체 오그늬람빠 등이 있다. 카자흐스탄 고려인협회
(이하 고려인협회)는 1989년 '카자흐스탄고려문화중앙' 이라는 이
름으로 창설된 고려인 최고 기관으로서 정관계, 재계, 학계 고려
인들을 총망라하고 있다. 카자흐스탄 고려인협회 산하에는 카자
흐스탄 각 지역 협회 지부들과 카자흐스탄 중소기업협회, 카자흐
스탄 고려인청년협회가 소속되어 있다. 그리고 2000년부터 국가
로부터 《고려일보》의 운영권을 넘겨받아 운영하고 있다. 2003년
자력으로 고려인 회관을 건립하여 산하 단체를 모두 입주시켰고
한식당인 '코리아 하우스' 를 운영하고 있다. 고려인협회는 매년 9
월, 고려인이 카자흐스탄에 처음 도착한 시기를 기려 전 카자흐
스탄 고려인대회를 개최한다. 대회는 일주일 정도 지속되는데 그
때 고려인협회 간부회의 및 총회, 카자흐스탄 고려인 노래자랑,
학술회의, 미스고려미인 선발대회 등이 열린다.

알마티 고려민족 문화중앙은 고려인협회의 전신인 카자흐스탄
고려문화중앙과 같은 해에 창설됐다. 회장 1인에 상근직원이 2명
이며 400여 명의 회원을 두고 있다. 산하에 알마티 고려민족문화
중앙 청년회를 두고 있고 주요 주관 행사로는 매년 개최하는 음력

설 맞이 행사, 광복절 기념 행사 등이 있다.

《고려일보》는 1923년 3월 1일 3 · 1독립 만세 4주년을 기념하여 연해주 블라디보스토크에서 우리나라 독립 운동가와 애국 지사들이 '선봉'이라는 제호로 창간한 민족 신문이다. 강제 이주와 함께 폐간됐다가 이듬해인 1938년 5월 1일에 '레닌 기치'라는 제호로 복간됐다. 민족 문화 기관이 모두 폐쇄된 마당에 고려극장과 함께 유일하게 살아남은 모국어 민족 문화 기관으로서 이 신문이 재소 고려인에게 미친 영향은 실로 막중했다.

이 신문은 갖은 어려움 속에서도 우리 글과 우리 문화를 보존했으며 모국어 작가들이 작품을 발표할 수 있는 유일한 지면을 제공했다. 그래서 우리 글과 전통이 이 신문을 통해 지적 출판물로 남게 된 것이다. 그러나 이 신문은 구소련의 와해와 함께 존폐의 위기에 처하여 겨우 명맥을 유지해가다가 2000년에 고려인협회의 관할로 넘어가 협회 신문이 됐다. 처음에는 일간지였으나 재정난으로 발행 횟수를 줄여가다가 2005년부터 주간지가 되었다. 2006년에는 제호를 바꾸고 고려인 기업들과 한국 기업들의 광고를 유치하는 새로운 경영 방식을 도입하고 러시아어 기사와 한글 기사를 같이 실어 신문의 면수를 늘린 새로운 면모의 고려일보가 선을 보이고 있다.

고려극장은 1932년 연해주 블라디보스토크에서 창립된 한민족 최초의 극장이다. 이 극장은 지금도 우리말로 연극을 한다. 또한 극장 산하에는 가무단이 있어 다양한 전통춤을 선보이고 있다.

:: 고려인 정주 70주년 기념 카자흐스탄 국립고려극장 공연

:: 좌_ 카자흐스탄 고려인협회관
:: 우_ 고려일보

고려인은 위구르인, 독일인과 함께 자기 극장을 갖고 있는 몇 안 되는 소수 민족 중 하나다. 현재 고려극장은 알마티 중심부에서 조금 떨어진 곳에 자리 잡고 있다. 오랫동안 전용 극장 건물이 없다가 1997년에 카자흐스탄 정부로부터 건물을 기증받아 수리를 한 뒤 2002년 가을에 입주했다. 고려극장은 고려인협회와 카자흐스탄, 한국 정부의 후원을 받아 한국, 유럽 등 해외 순회 공연을 비롯해 활발한 활동을 벌이고 있고, 차세대 배우의 양성을 위한 학교를 자체 설립하는 등 예술 교육에도 힘을 쏟고 있다. 고려극장은 또한 재외 한민족이 설립한 최초의 극장이라는 자긍심을 갖고 있고 2007년 극장 설립 75주년을 기념하여 고려극장 역사 책자를 출간했다.

: 우슈토베

고려인 최초 강제 이주지로 널리 알려진 지역이다. 1937년 9월 연해주에서 고려인을 실은 첫 강제 이주 열차가 우슈토베에 도착한 것은 10월 중순이었다. 우슈토베에 버려진 고려인들은 토굴을 파고 첫해 겨울을 보냈다. 그때 병약한 아이들과 노인들이 무수히 죽어갔음은 물론이다. 봄이 오자 살아남은 사람들은 토굴에서 나와 집을 짓고 농사를 짓기 시작했다. 그런데 그들이 합심해서 자기들 집보다 먼저 지은 건물이 하나 있다. 그건 바로 후세들을 가르치기 위한 학교였다. 유대인은 세계 어디를 가나 먼저 회당을 짓고 나서 개인 집을 짓는다고 하는데, 우리 고려인들은 학교를 먼저 짓고 나서 개인 집을 지었던 것이다. 그 학교 건물은 지금 남아 있지 않지만 우슈토베에 가보면 그들이 살았던 토굴의 흔적을 지금도 볼 수 있다.

'우슈토베'란 카자흐 말로 '세 개의 작은 산'이란 뜻을 갖고 있다. 알마티에서 북동쪽으로 380km 떨어져 있다. 우슈토베는 카라탈 구역(우리나라의 군 단위에 해당)에 있는 작은 읍 정도의 지역인데, 고려인 강제 이주 및 고려인의 문화, 역사 등과 관련하여 언급할 때는 통상 카라탈 구역까지 포함하여 우슈토베라고 부른다. 우슈토베를 넘어서 카라탈 구역까지 고려인이 거주하고 있어 거기에도 고려인 협동 농장들이 있는 까닭이다. 달늬이보스톡, 즉 원동(遠東) 마을이라고 불리는 우슈토베 인근 지역 마을은 고려인이 가장 많이 살고 있고 옛 전통도 많이 남아 있다. 뿐만 아니라 거기에 있는 제르진스키학교는 카자흐스탄에서 유일하게 '한국어'를 제1외국어로 가르치고 있다.

우슈토베 고려인들은 주로 농업에 종사한다. 그들이 짓는 농작물은 벼, 양파, 채소, 수박 등이다. 우슈토베는 강제 이주 세대 고려인 선배들이 개척한 세계 벼농사의 북방 한계선이기도 하다.

크즐오르다

카자흐스탄의 서부 아랄해와 그리 멀지 않은 곳에 있다. '크즐오르다'는 우리말로 번역하면 '붉은 수도'라는 뜻을 갖고 있는데, 실제로 1925년 2월부터 1929년 5월까지 잠시 카자흐스탄의 수도였던 적이 있다. 이곳은 강제 이주 때 고려인 3대 문화 기관인 고려일보, 고려극장, 조선사범학교가 함께 이주됐던 곳이다. 강제 이주의 박해에서 살아남은 몇 명 안 되는 고려인 지식인과 애국지사들도 그곳에서 살다 여생을 마친 까닭에 거기에는 우리나라에도 잘 알려진 항일의병장 홍범도 장군, 『조선문전』의 저자인 애국 계몽가 계봉우 선생의 묘지도 있다. 홍범도 장군 묘역은 1980년대 말 고려인들이 동상을 세우고 1990년대 중반 한국 대사관이 새롭게 단장했다. 시내에는 홍범도거리도 있다. 크즐오르다 고려인들은 예전에는 다수가 크즐오르다 시 인근 농장에서 벼농사를 지었으나 지금은 대부분이 시내에 거주한다.

4

카자흐스탄 고려인에 대한
속설 몇 가지

🔵 　카자흐스탄에는 130여 민족이 각기 다른 민족적 전통과 특성을 지닌 채 함께 어울려 살고 있다. 그러므로 어떤 한 민족 집단의 고유한 전통과 생활 양식과 사회적 적응력은 다른 민족들에게 부러움이나 존경 또는 질시나 멸시의 대상이 되곤 한다. 이는 대개 다른 민족들 사이에서 그 민족성을 부당하게 혹은 바람직하게 규정해주는 속설로 회자되는데, 다행히 고려인에 대한 속설은 바람직한 것들이 많다. 대표적인 속설 3개만 싣는다.

: 고려인은 부지런하다

대체적으로 그렇다. 이는 고려인들이 전통적으로 농업에 종사해오면서 농업 민족 특유의 근면함을 보여주었기 때문에 생겨난 말이다. 고려인은 구소련에서 가장 먼저 강제 이주를 당한 민족으로 도저히 사람이 살 수 없는 척박한 황무지에 버려졌으나 그 땅을 개간하여 옥토로 일구었고, 그 뒤로도 오랫동안 농업에 종사하면서 다른 민족들에게 우수한 농업 기술을 전수해주었다. 그리하여 강제 이주 5년 만에 고려인 집단 농장과 지도자들이 강제 이주를 자행했던 바로 그 스탈린 정권으로부터 그동안 땀 흘린 공로를 인정받기 시작했다. 김만삼, 채정학, 신현문 등은 그 대표적인 인물로서 다른 민족 사이에서도 전설적인 농업지도자로 통한다. 특히 김만삼은 1942년 제2차 세계대전 중에 자기가 이끈 선봉조합 농장에서 헥터당 17톤의 벼 수확량을 올려 세계를 놀라게 했다. 이는 당시 세계 최고 수준의 벼 수확량이었다.

1960∼1970년대에 뜨거운 뙤약볕에서 온몸을 땀으로 적시며 농장 가득 양파를 재배해 구소련 전역에 제공한 민족도 고려인뿐이었다. 1990년대 중반 카자흐스탄의 경제가 구소련 붕괴의 여파로 큰 어려움을 겪고 있을 때 나자르바예프 카자흐스탄 대통령은 대국민 메시지에서 "우리는 불굴의 정신으로 노력하면 이 난국을 타개할 수 있으니 예전에 고려 사람들이 빈손으로 강제 이주당해 황무지에 버려졌으나 그걸 옥토로 일구며 생존해왔던 것을 본받

아야 한다"라는 요지의 연설을 한 적도 있다. 그러나 지금은 고려인들 다수가 도시에 거주하고 있으므로 옛 전통이 많이 약화됐고 젊은 세대들은 더욱 그렇다고 할 수 있다.

∷ 고려인은 모두 부자다

그렇지는 않다. 고려인도 다른 민족들과 마찬가지로 부유한 사람과 가난한 사람들이 공존하고 있다. 이런 속설이 생겨난 것은 고려인이 한편으로는 근면 절약하며 가정을 규모 있게 꾸려오는 전통을 갖고 있었고, 다른 한편으로는 고려인 중 일부가 은근히 부를 과시하는 경향을 보여왔기 때문인데 구소련의 와해로 국가가 어려움에 처해 있던 1990년대 초부터 타민족 사이에서 널리 유행된 말이다.

더욱이 고려인들은 1980년대 고르바초프의 개혁 정책에 따라 도입된 자본주의 경제 방식에 재빨리 적응하여 '고본질'(계절 농사)로 여러 해 동안 짭짤한 수익을 올리곤 했는데, 그 인상이 지금까지 타민족에게 남아 있기 때문이기도 하다. '고본질'이란 중앙아시아의 고려인들이 봄에 곡창 지대인 우크라이나나 카프카즈 등지로 가서 땅을 임대해 농사를 지은 후 가을이 되면 미리 계약한 만큼의 수확량을 돌려주고 나머지는 개인 수익으로 챙겨서 집으로 돌아오곤 했던 농사 방식을 말한다. 그런데 타민족들은 고려인이 온몸을 바쳐 일구어낸 수고로운 노동은 생각지 않고 그로 인해 나타난 결과만을 부러워했던 것이다.

이런 속설이 생긴 또 다른 이유는 아직까지 고려인 걸인이 없기 때문이다. 시장에 가보면 다양한 민족 소속의 걸인들을 볼 수 있으나 그들 중에 아직까지 고려인은 없다. 이는 고려인이 모두 잘 살아서 그런 것이 아니라 비록 가난하더라도 구걸하는 행위를 수치로 여겨 어떻게 하든 스스로 호구책을 마련하기 때문이다. 특히 카자흐스탄 경제가 매우 어려웠던 1990년대에는 지금보다 걸인들이 훨씬 많았고 민족들도 다양했었다. 최근 카자흐스탄 경제 규모가 커지자 이에 발 빠르게 적응하여 부를 축적한 고려인들이 더러 있기는 하지만 그것은 극히 일부분이고 일반 고려인들은 타 민족들과 별반 다름없이 똑같은 어려움을 겪고 또 그것을 해결하면서 살아가고 있다.

ː 고려인은 부모를 잘 섬기고 가족 간에 화목하다

예전에 고려인은 부모를 섬기는 데 지극히 헌신적이고 가족 간의 유대를 중시했으며 장유유서의 윤리를 엄격히 지키는 전통을 지켜왔다. 그래서 유교 문화에 생소한 중앙아시아 민족들, 특히 유럽계 민족들에게 경이롭게 보였다 한다. 그걸 알아차린 유럽계 여자들이 외도나 이혼 그리고 가족 간에 불화가 잦은 자기 민족 남자와 결혼하기보다는 가족에 대한 책임을 끝까지 다하는 고려인 남자를 남편감으로 선호한다는 이야기가 고려인 사이에서 지금까지도 자주 회자된다. 심지어는 능력 있고 잘 생긴 고려인 남자는 러시아 여자들이 죄다 빼앗아가니 고려인 아가씨들이 결혼할 상대가 없다는 말까지 나올 정도다.

언젠가 카자흐스탄의 한 유명 신문에 〈고아원에 고려인 고아도 있었는가〉란 기사가 나와 한때 화제가 된 적이 있었다. 가족을 중시하는 고려인에게 이런 일은 있을 수 없다는 믿음이 타민족들에게 퍼져 있었음을 보여주는 단적인 실례이다. 그러나 지금은 많이 달라졌다. 이미 신세대들이 현대적인 가치관을 교육받으며 자라나 고려인 사회의 주류로 진입하고 있기 때문이다. 현재 이혼 상태에 있는 고려인 남자는 8%, 여자는 17%이다.

카자흐스탄
한국어 교육의 약사

구한말 국내의 혼란과 생활고를 피해 우리 동포들이 연해주 땅으로 이주를 시작한 지 140여 년의 세월이 흘렀고, 스탈린이 강제 시행한 연해주 거주 한인들의 중앙아시아 이주는 70년이 됐다. 이제는 스탈린의 강제 이주 조치 당시 우리 동포들이 받았던 피해와 아픔도 러시아가 제정한 '피압박 민족의 명예 회복에 관한 법률'에 의해 어느 정도 아물어졌다.

그러나 한 번 잃어버렸던 우리말과 글은 명예 회복의 문제처럼 하루아침에 회복되는 것이 아니었다. 현재 60~70대 이상의 동포들을 제외한 젊은 층의 모국어 구사 능력은 조선족에 비해 많이 뒤떨어진다. 이들의 중앙아시아 이주 당시 조국 한반도는 일제의 식민 치하에 있었고 완벽한 러시아어 구사만이 소비에트 국민으로 사회적 지위를 유지하는 데 도움이 됐던 상황적 결과이다.

1920년대와 30년대 중반까지만 해도 소련 내에서 우리말과 글 교육은 상당히 활발했다. 러시아혁명에 성공한 레닌은 "사회주의는 단순히 공유화만을 의미하는 것이 아니고 고도의 생산력의 발전과 문화 혁명을 담보로 한다." 그리고 "문맹자는 정치 밖에 존재한다"고 말하고 문화 혁명과 사회주의를 건설하기 위해서 문맹이 최대의 적임을 강조했다. 그래서 대대적인 문맹 퇴치 운동을 벌인다. 이때 소비에트 정부는 다양한 소수 민족어 교육을 지원했고 이에 따라 연해주 지역은 우리말과 글 교육이 활성화됐다.

1917년까지 연해주 지역에는 4년제 고려인 초등학교가 15개 있었는데, 30년대 중반에는 그 수가 287개로 늘어나고 학생 수도 2만 1,956명으로 집계되는 것에서도 알 수 있다. 그리고 블라디보스토크에 '한국어 사범 대학'과 '한국어 사범 전문 학교'가 세워져서 우리말 선생님을 배출했는데, 1934년에 최초로 13명의 고려인 교사가 탄생했다. 그중에서도 특히 한반도에서 일제의 압제를 피해 바로 온 우리말 선생님은 학생들로부터 인기를 독차지했다. 30년대 중반에 들어서는 초등 교육과 7년제 중등 교육이 일반화됐다.

이러한 상황은 1937년 중앙아시아로의 강제 이주로 인해 급격히 악화되고 만다. 강제 이주 이후 우리말과 한글 교육은 금지되고 한국어 사범 대학도 카자흐스탄 크즐오르다로 이주한 후 더 이

:: 알마티 한국 교육원

상 선생님을 배출하지 못했다. 한국어 교육이 중단되자 한글 해독 인구는 급격히 감소했고 고려인 젊은 세대의 공용어는 러시아어로 대체됐다. 한글 교육의 암흑기가 시작된 것이었다.

그러나 이런 상황은 지역마다 약간씩의 편차를 보이는 것을 각 지방 답사를 통해 알 수 있다. 당시 동포들이 집단적으로 거주했던 우슈토베나 크즐오르다의 콜호즈(집단 농장)에서는 그 뒤에도 우리말과 한글 교육이 부분적으로 이어졌다. 그러나 대부분의 재소 우리 동포들은 당장 쓸모없는 모국어보다는 현실적으로 필요한 러시아어를 배워야만 했고 여러 민족과 섞여 살았기 때문에 우리말과 한글 교육은 제약을 받아 가정에서만 우리말의 명맥이 겨우 유지됐다. 남달리 교육열이 높은 우리 민족은 러시아어를 신속히 배우기는 했지만 대신 급속히 우리말과 전통을 잊어갔던 것이다.

아이러니컬한 것은 소련 당국이 한국어 교육은 금지하면서도 사회주의 체제가 소수민족의 문화를 보존한다는 것을 선전하기 위해 《레닌 기치》 등 한글 신문의 발간은 허용한 사실이다. 당시 고려인 거주 집단 농장에는 정기적으로 수백 부씩 레닌기치가 배포됐는데, 정작 그 신문을 읽을 사람은 없었다고 한다. '믿을 수 없는 민족'으로 소련 당국의 감시와 통제의 대상이 됐던 고려인들이 어느 정도 명예를 회복하여 거주 이전의 자유를 일부 누리면서 모스크바 등으로 유학을 떠나기 시작했던 것은 1956년 흐루시초프 개혁 이후였다. 고려인들이 소비에트 국민으로서 소련군에 입대하기 시작한 것도 이때부터였다.

1988년 서울에서 올림픽이 열리는 것을 감격의 눈으로 지켜보았던 고려인들은 번영하는 모국이 있음을 자랑스럽게 여기고 우리말과 글의 재생과 전통 문화의 복원의 중요성을 자각했다. 1991년 소련 해체 이후 각 구소련 독립공화국에는 각종 동포 단체가 결성됐고 이들은 모국에 우리말과 글을 가르쳐줄 교원들을 요청했다.

이러한 요청에 먼저 답할 수 있었던 것은 북한이었다. 북한은 경험이 풍부하고 러시아어를 구사하는 노련한 대학 교수들을 동포들이 거주하는 15개 구소련공화국에 골고루 파견했다. 이들은 주로 사범 대학 등에서 각 지역 실정에 맞는 교재를 갖고 한국어 학과 개설과 우리말 교육에 어느 정도 기여를 했다. 그러나 한국 이 1992년 CIS 모든 국가들과 관계를 수립하고 한국 기업들이 활 발히 진출하면서 북한식의 조선어가 아닌 한국어에 대한 수요가 늘게 됨에 따라 북한인 교수들은 모두 철수를 했고, 한국어과를 졸업한 현지인 교수들과 한국에서 온 교수들이 그 자리를 대신하 게 됐다.

현재 카자흐스탄에는 알마티 한국종합교육원에서 초 · 중 · 고 급반으로 나뉘어서 한국어 교육 과정이 운영되고 있을 뿐만 아니 라 전국적으로 12개 한글학교가 있고 49개의 카자흐 초 · 중등학 교가 한국어 교육을 실시하고 있다. 또한 6개의 카자흐스탄 대학 에는 한국어학과가 설치되어 있고 9개 대학이 한국어 과정을 제2 전공으로 운영하고 있다. 한국국제협력단(KOICA)가 파견하는 봉 사 요원들은 대부분 각 대학에서 한국어 교육을 맡고 있다.

최근 들어 자원 개발과 건설 붐으로 한국 기업들의 카자흐스탄 진출 러시가 이루어짐에 따라 고려인들뿐 아니라 카자흐 젊은이 들 사이에도 한국어를 배우려는 열기가 뜨거워지고 있다. 대장금 등 한국 TV 시리즈와 영화 등 한류의 확산도 카자흐스탄에서 한 국어 열기가 높아지는 데 한몫을 한다. 재미있는 것은 우리와 같 은 우랄 알타이계 언어를 구사하는 카자흐 젊은이들의 한국어 학 습 능력이 카자흐어에 서툰 고려인들보다 나은 경우도 많다는 점이다.

앞으로 한국과 카자흐스탄 간의 교류가 더욱 활성화됨에 따라 한국어에 대한 고려인들과 카자흐스탄 국민의 관심은 더욱 높아질 것이다. 그러나 아직도 실력 있는 교사의 확보, 현지 실정에 맞는 교재의 개발 등 중앙아시아에 한국어 교육의 수준을 높이기 위해 해결해야 할 문제는 많다.

한국 내에도 카자흐스탄에 대한 관심이 높아짐에 따라 이미 2개의 국내 대학이 카자흐어학과를 설치하고 교환 학생 제도도 운영되고 있다. 바야흐로 두 나라 사이의 언어 교류가 본격화되고 있는 것이다.

6

고본지 :
고려인들의 자본주의적 계절농

우리에게 생소한 '고본지'는 러시아 이주 한인들이 우리의 품앗이 전통을 살려 개발한 구소련 거주 고려인들 특유의 농업 생산 방식을 일컫는 말이다. '고본'은 협업 체제에 자발적으로 참여한 구성원 각자에게 균등하게 할당된 토지의 단위를 일컫는 용어이고, '지'는 어원은 뚜렷치 않지만 아마도 우리말의 '질'에서 나온 것 같다. 그러니까 고본지는 '고본에 종사하는 것'이라는 의미라고 할 수 있다.

고본지 방식이 그 특유의 성가를 올리기 시작한 것은 1937년 연해주에 거주하던 우리 동포들이 스탈린의 강제 이주 정책에 의해 중앙아시아로 옮겨오면서부터였다고 한다. 1917년 러시아혁명 후 개인의 토지 소유가 금지되고 농업 생산이 국영 농장과 집단 농장 체제로 전환됐다. 연해주에 거주하던 한인들은 러시아혁명 전에는 러시아인 토지 소유주들로부터 땅을 빌려 경작하는 소작농에 주로 종사했다. 이러한 임차 경작의 전통은 혁명 후까지 이어져 고려인들은 개인의 토지 소유가 금지되고 토지 임차에 관한 법제도 없던 시절에 남의 국영 농장이나 집단 농장의 땅을 빌어 임대료를 내고 경작을 하여 그 수익을 참여자들이 나누어 갖는 고본지 방식으로 수입을 올릴 수 있었고 이를 자녀 교육이나 다른 분야 진출을 위한 자본으로 축적했다고 한다.

말하자면 고본지 경작을 하던 고려인들은 자유 계약직 경작 전문가였고 소련의 법체계에서는 허용될 수 없는 제도였다. 그러나 집단 농장이나 국영 농장 책임자들로서는 근면한 고려인들을 고용하여 할당 책임량 이상의 소출을 올리고 과외로 지대까지 챙길 수 있었으니 다소의 법적 문제를 무릅쓰고라도 해볼 만한 일이었고, 고려인들은 자신들의 노력에 따라 소출을 올려 지대를 내고 남은 수확량은 시장에 내다팔아 고소득을 올릴 수 있는 사업이었다. 소련 정부로서도 고본지 덕분에 수박, 오이, 배추, 양파, 파 등 항상 공급이 모자라는 채소를 고려인들이 충분히 생산해 시장에 공급하는 것을 어느 정도 눈감아주는 상황이었던 것 같다.

고본지제도가 본격화된 것은 스탈린 사후 소련 사회가 국가 통제에서 어느 정도 벗어나 농민들에게도 개인 경작지가 허용되는 등 부분적인 자유화가 개시됐던 1960년대라고 한다. 그러다가 소련의 개혁과 개방이 가속화된 1980년대에 들어서는 고본지에 의한 토지 임대 계약 경작이 합법화되고 고려인들의 계약 경작 활동은 더 체계적으로 이루어졌다고 한다.

보통 15~20명이 소위 작업대(brigade)를 구성하여 적절한 경작지를 찾아 이동하며 효율적인 소출을 올려 국영 농장이나 집단 농장 책임자를 즐겁게 해주었던 고본지제도는 소련 전국에 근면한 고려인의 상을 심는 계기가 됐다. 국가에서 준 할당량을 맞추는 데도 허덕이던 일반 소련 농민은 별로 건장해 보이지도 않는 고려인들이 주로 가족과 친지 단위로 외지에서 이동해와 어려운 경작 여건을 경험과 근면성으로 극복해가며 맛깔 나고 값나가는 채소 등 작물을 상상 이상으로 소출하는 모습을 보면서 감명받았을 것이다.

그러나 고본지로 제도권 밖에서 망외의 금전적 소득을 올리는 고려인들을 보고도 이를 흉내낸 다른 소련인은 별로 없었다고 한다. 그만큼 고본지를 하던 고려인들의 노동 강도는 높았고 한 일의 양에 관계없이 일정한 급여를 받는 데 익숙한 여느 소련인들은 엄두도 내지 못한 일이었던 것 같다.

고본지는 생산 단위 조직과 참여의 자발성과 한정된 계약 기간으로 대변되는 자유 계약 정신, 일한 만큼 받는다는 수익 분배 원칙에서 엿보이는 자본 시장적 성격으로 소련 시대 동안 고려인들이 시장 경제의 원리를 몸소 경험하고 느낄 수 있는 학교이자 교과서 기능도 했다. 아마도 구소련 붕괴 후 고려인들이 누구보다

:: 드넓은 카자흐스탄의 광야

도 빨리 시장 경제에 적응하고 두각을 나타낼 수 있었던 데에는
고본지를 실습해본 경험이 큰 작용을 했을 것이다.

7

세시풍속과
통과의례

카자흐스탄 고려인들이 예전부터 지금까지 지켜오는 세시풍속에는 한식, 단오, 추석 등이 있다. 음력설은 오래도록 전통이 끊겼다가 10여 년 전에 부활됐다. 인생살이의 통과의례로 지켜오던 전통 관혼상제를 살펴보면, 돌, 환갑, 상례, 제례에 그런대로 옛 전통이 남아 있다. 혼례는 거의 러시아식으로 변질됐지만 거기에도 우리 전통이 얼마간 남아 있다.

덧붙여 알아두어야 할 것은 카자흐스탄 고려인의 세시풍속이나 통과의례가 한국 및 한국인과의 끊임없는 접촉으로 조금씩 변화하고 재구성되는 측면이 있다는 것이다. 디아스포라(diaspora)는 원천에서 계속 물이 흘러들어와야지 그렇지 않으면 곧 말라버리고 마는 조그만 호수와 같다는 말이 새삼스럽다.

: 한식과 추석

카자흐스탄 고려인들이 가장 잘 지켜오는 세시풍속이 바로 한식이다. 한식이 되면 고려인들은 아침 일찍 음식을 장만하여 조상들의 묘소를 찾는다. 그들은 밥과 쌀가루를 반죽하여 시루에 찐 증편, 찰떡을 기름 바른 프라이팬에 구워낸 기름구이, 삶은 닭고기, 사과, 사탕, 러시아식 소시지 등을 마련하여 조상의 묘소에 찾아가 철판으로 만들어놓은 상석에 차려놓고 3번 절을 한다. 그리고 그동안 어지러워진 묘소를 손질하고 집으로 돌아온다. 추석에도 그렇게 묘소를 찾는다.

그런데 흥미로운 것은 고려인들은 연중에 한식과 추석 단 두 번만 묘소를 찾는다는 것이다. 다른 날은 안 되고 꼭 그 날에만 찾아야 된다는 믿음을 강하게 갖고 있어 만약 한식이나 추석에 피치 못할 사정이 있어 출타 중이거나 그날 기상 악화로 묘소를 못 찾으면 다음해 한식이나 추석이 돌아올 때까지 기다린다. 1990년 초부터 이곳에 들어온 기독교 선교사들의 영향으로 절을 하지 않는 고려인들도 생겨났지만 아직까지는 대부분이 한식날 조상의 묘소를 찾아 절을 하는 것을 당연한 일로 여긴다. 지금도 고려인 묘지가 있는 우슈토베에는 한식과 추석날 성묘를 하려는 고려인 가족들의 자동차 행렬이 줄을 잇는다.

ː단오

최근에는 조금 시들해졌지만 전통적으로 단오를 지켜오고 있다. 그런데 그네뛰기나 씨름판은 사라진 지 이미 오래고 대신 문화 회관이나 운동장에 모여서 각종 공연과 노래 자랑 등으로 흥겨운 하루를 보낸다. 우슈토베 같은 시골 고려인 집성촌에는 오래전에 조직된 고려인 가무단들이 있어 그들이 그 행사의 주요 공연자가 된다. 가무단이 부르는 노래와 춤은 당연히 우리말 노래와 우리 춤이 주류를 이루고 러시아 노래 등이 간간이 뒤섞인다.

ː설

양력설을 가장 큰 명절로 쇠는 러시아 문화의 영향으로 음력설은 노년 층 이외에는 거의 의미를 잃어버린 명절이었다가 개방 이후 부활됐다. 지금은 카자흐스탄 고려인, 특히 알마티에 거주하는 고려인들이 쇠는 가장 큰 민속 명절로 자리 잡았다. 설날에는 공연 회관에서 대규모 공연이 열리며, 공연장 주변에는 고려인 음식점 주인이나 먹을거리 상인들이 들어와 전통 음식을 판매하고 윷놀이나 화투판도 벌어진다.

음력설이 고려인의 큰 명절로 자리 잡아가는 데에는 카자흐스탄과 러시아에 고조되는 동양 문화에 대한 관심과 이해도 한몫을 한다. 구소련 문화를 선도해가는 러시아는 이미 10여 년 전부터 언론과 서적, 잡지 등에 동양의 사상, 의학, 역법 등을 소개하고 해설하는 데 열성을 보여왔고 그 영향이 카자흐스탄에도 자연스럽게 미치고 있는 것이다.

통과의례로는 돌, 혼례, 환갑, 상례, 제례 등이 있다

돌: 카자흐스탄 거주 고려인들이 치르는 돌잔치는 한국의 일반 가정보다 규모도 더 크고 대체적으로 더 성대하게 치러진다. 고려인들은 집에서 대개 오전 10시나 11시에 돌맞이 의례를 시작하여 반드시 정오까지 끝낸다. 직계 가족과 가까운 친지들만 참석한 가운데 돌을 맞이하는 아이를 상 앞에 앉혀놓고 상 위에 쌀, 강낭콩, 책과 연필, 실, 가위, 돈 등을 놓고 아이더러 골라 집도록 한다. 쌀은 부귀를, 강낭콩은 홍역으로부터 보호를, 책과 연필은 지혜로움과 학문적 성취를, 실은 장수를, 가위는 재봉 일을, 돈은 부를 의미한다. 이 의식이 끝나면 아이의 앞날을 나름대로 점쳐보며 즐거워하다가 저녁에 손님들을 집이나 식당에 초대하여 조촐한 잔치를 벌인다.

혼례: 거의 러시아식 또는 현대식으로 변질됐다. 그러나 결혼 전 혼삿말이 오간 뒤 남자 측에서 여자 측에 청혼하면서 '예단'을 보내는 전통이 남아 있다. 예단이란 함에 넣은 몇 가지 색깔의 옷감이나 천을 말하는데 반드시 이걸 보내고 받아야 결혼 약속이 성립되는 것이다.

그리고 결혼식장에서 지켜지고 있는 전통이 또 하나 있는데 그것은 신랑, 신부가 식장에 입장하기 전에 양가 가족들이 식장으로 들어가는 길목에 쌀이 가득 든 자루를 하나 내려놓는 것이다. 그러면 신랑은 신부를 안고 그 쌀자루를 밟고 입장한다. 이는 새로운 가정을 이루는 그들이 재물로 인한 어려움을 겪지 말라는 의미다. 나머지는 모두 러시아식으로 진행된다.

혼례식이 진행되는 동안 주인공을 앞에 세워두고 일가친척, 지인들이 차례대로 나와 축하나 덕담을 해준다. 덕담이 시작되어 끝나는 데는 많은 시간이 걸린다. 그러나 덕담은 모든 예식의 핵심이기 때문에 절대로 빠뜨릴 수 없다. 그래서 덕담이 진행되는 도중 지루하지 않도록 중간 중간에 누군가가 러시아어로 '고리꼬' 라고 외친다. 그러면 다른 사람들도 따라서 '고리꼬' 라고 외치는데 이는 신랑신부가 키스를 하지 않으니 술맛이 '쓰다' 라는 의미다. 이 합창을 들은 신랑신부는 자연스럽게 일어서서 키스를 한다. 그걸 본 하객들은 달콤한(?) 기분으로 쓰디쓴 보드카를 단숨에 들이킨다. 최근에는 결혼식 사회자들이 여러 가지 게임을 도입하여 지루하지 않도록 만들고 덕담을 하는 시간을 많이 줄이려고 애쓰고 있다.

환갑: 돌과 함께 카자흐스탄에 사는 130여 민족 중에서 유일하게 고려인만이 지내는 통과의례 중 하나이다. 환갑날에는 자식들과 일가친척이 다 모여서 잔치를 벌인다. 자식들은 환갑을 맞은 부모님께 큰절을 올리고 부모님의 만수무강을 기원한다. 최근에 들어

와서 환갑 잔치를 예전보다 조촐하게 차리려는 경향이 생기기도 했지만, 지금까지도 대다수 고려인들은 환갑을 인생의 한 주기를 보낸 원숙한 인간이 맞이하는 중요한 행사로 여긴다. 그런 잔치에서 빠질 수 없는 것이 바로 가무다. 특히 그런 잔치에는 노년층이 더 많이 모이기 때문에 우리의 전통 민속춤과 전통 가요가 단골 메뉴로 등장한다. 그리고 모든 잔치가 그렇듯이 남녀노소 구별 없이 흥겨운 춤으로 이어진다.

상례와 제례: 다른 전통 의례보다도 우리의 전통이 더 많이 남아 있다. 상례에서 특기할 만한 것은 '거울 가리기'와 '혼 부르기'와 '명정 쓰기'와 '매장시 곡'하는 의식이다. 상을 당하면 고려인들은 먼저 집 안의 유리나 거울 등 물건을 되비쳐주는 모든 가재도구를 하얀 천으로 가린다. 그리고 혼 부르기 의식을 거행하는데 대개 일가친척 중에서 경험 있는 사람이 한다. 그 일을 맡은 사람은 망자의 옷을 들고 대문 어귀나 아파트의 경우에는 베란다로 나가 몇 번 흔들면서 '혼 받으시오'라고 외친다.

그리고 명정을 쓸 때는 한글이 아닌, 전통적으로 써오던 한자로 쓸 것을 고집한다. 지금은 한문을 아는 사람들이 거의 사라져버려 한글로도 많이 쓰지만 그래도 가능하면 한자를 아는 사람을 찾아 한자로 명정을 쓴다. 장례 의식은 지역과 도시, 농촌에 따라 조금씩 차이가 나긴 하지만 옛 전통에 따라 정성껏 절도 하고 곡도 한다. 특히 매장 의식이 이루어질 때에는 여자들이 나서서 곡을 하는데 여기서는 그걸 가리켜 '곡을 낸다'라고 한다. 제례도

엄숙하고 정중히 이루어지며 여기서도 우리나라처럼 3년상을 치른다.

8

카자흐스탄에 전파된
한국의 음식 문화

최근 한류의 유행으로 한국 드라마나 음반의 해외 수출이
한창이라고 한다. 이제 국내 스타는 곧 아시아의 스타로 통하고
'비'처럼 세계적 스타로 떠오르기도 한다. 〈대장금〉이 인기를 끌면
서 그 드라마의 연기자뿐만 아니라 한국 음식에 대한 인식이 새로
워져서 이를 맛보기 위한 한국 여행 상품이 생겼다는 말도 들린다.

카자흐스탄에서는 이러한 한류가 70여 년 전에 이미 조용히 그
러나 확실히 불었다. 그 한류의 주인공은 스탈린의 강제 이주 조
치로 카자흐스탄과 중앙아시아로 실려와 벼농사와 양파, 수박 농
사를 지으며 우리의 문화를 원주민들에게 전파한 '고려인' 동포
들이다.

우리 동포들이 이 땅에 살면서 전파한 우리의 음식 문화 중 첫째는 감자 배고자가 있다. 감자 전분으로 만든 감자 배고자는 투명하고 쫄깃쫄깃한 맛으로 러시아인들과 카자흐인들에게 특히 인기가 좋다. 이 안에는 쇠고기와 양배추를 썰어서 넣는다.

순대도 있다. 당면이 많이 들어간 한국식 순대에 익숙한 한국인들은 맛이 별로라고 말하기도 하는데, 부모님의 고향이 이북인 사람들은 어릴 적 먹었던 순대와 맛이 똑같다고 하면서 즐겨먹는다.

돼지고기를 넣고 푹 끓여 국물을 만든 후 된장을 풀고 또 시래기를 넣고 끓인 '시락장물'과 고기와 된장을 넣고 끓인 뒤 두부를 넣고 고추기름을 위에 얹어서 마무리를 한 음식으로 '뒈비장물'이 있는데 동포들의 결혼식이나 환갑상에 빠짐없이 올라오는 단골 메뉴이다.

또한 더운 여름이면 카자흐인들에게 최고의 인기를 누리는 '국시'가 있는데, 고려 국시집에 가서 시원한 국시를 먹자고 하면 현지인들이 아주 좋아한다. 우리의 국수와 똑같이 면을 삶아놓고 그 위에 쇠고기와 양배추 그리고 달걀지단을 얹어서 내온다. 고기를 너무 많이 넣기 때문에 시원한 국물 맛을 기대했다가 실망하는 경우도 있지만, 그래도 변형된 냉면이라고 생각하고 먹으면 맛이 일품이다.

이외에도 이 나라 사람들이 퇴근길에 동네 어귀 슈퍼마켓에 들러 빠뜨리지 않고 사는 식품이 있다. 바로 당근채인데, 빵과 차이(홍차)와 함께 바로 먹을 수 있어서 특히 직장 여성들에게 인기가 아주 좋다. 알마티에서도 질료늬 바자르(녹색시장)뿐만 아니라 동네 시장이나 식료품점 등 어디를 가나 살 수 있다.

김치는 고려말로 '짐치'라고 하는데, 젓갈 대신 소금과 고춧가루를 넣고 만든 후 큰 유리병에 넣고 밀봉한다. 이는 러시아 지역에서 오이와 토마토를 소금을 넣고 밀봉하여 겨우내 먹는 방식의 영향을 받아서 이렇게 하는 것이다. 또 젓갈 대신 작은 생선들을 통째로 넣고 담근 깍두기도 맛이 일품이다.

이외에도 카자흐스탄식 잡채인 훈초자와 쌀가루를 쪄서 만든 증편이 있다. 이들 음식들은 이곳 현지인들의 입맛을 완전 정복하여, '카레이스키 살랏(샐러드)'이 올라가지 않는 잔칫상은 아무리 잘 차려도 제대로 준비하지 않은 것으로 취급한다. 최근에는 한국의 커피 프리마가 카자흐스탄인들의 최고의 기호 식품인 홍차와 함께 타서 먹는 식품으로 확실히 자리를 잡았다.

9

다민족 국가 카자흐스탄:
비극을 축복으로

카자흐스탄이 알렉산더 솔제니친의 유명한 소설 『수용소 군도』의 배경이었던 사실은 꽤 알려져 있다. 제2차 세계 대전 당시 소련군 포병 장교로 근무하던 솔제니친은 종전 무렵 스탈린의 군대 숙청 회오리에 말려 체포되어 모스크바 인근 지역에서 수감 생활을 하다가 1950년대 초 카자흐스탄공화국의 공업 중심지였던 카라간다 인근 정치범 수용소(Gulag)에서 강제 노동을 했고 이때의 체험의 『이반 데니소비치의 하루』로 반체제 문학을 대표하는 작품이 됐다.

스탈린이 대규모 국내 숙청을 본격화하던 1931년 문을 연 악명 높은 수용소 군도는 시베리아 등 어려운 자연 조건 때문에 사람이 살기 어려운 지역에 설치되어 정치범이나 범죄자들에게 자연의 힘을 빌려 형벌을 가하는 동시에 그들의 노동력을 이용하여 철도나 산업 시설을 건설하는 기능을 했던 스탈린의 작품이다. 공식적 통계는 없지만 NGO들의 추산으로는 스탈린 사후 흐루시초프 개혁으로 1960년대 초 수용소 군도가 폐쇄될 때까지 줄잡아 70만 명이 이곳을 거쳐갔다고 한다. 스탈린의 공포정치시대에 체포되어 바로 처형된 수많은 다른 희생자들에 비하면 그래도 운이 좋은 편이었지만 솔제니친이 소설에서 리얼하게 묘사한 수용소 군도의 일상은 매일의 생존이 문제가 되는 혹독한 것이었다.

솔제니친의 경우도 그랬지만 형기를 마친 유형수들은 바로 모스크바 등 고향에 가지 못하고 일단 현지에 상당 기간 정착을 했고 그대로 눌러앉아 산 사람도 꽤 있었고 이 결과, 역설적으로 카자흐스탄 내 수용소 군도가 가장 밀집해 있던 카라간다는 소련시대 지식층이 가장 많이 사는 도시였다고 한다.

1992년 카자흐스탄이 독립한 후 수용소 군도에 관한 정부 기록이 모두 공개됐고, 카자흐스탄 내에는 소련시대 수용소 군도의 진상을 파헤치고 피해자들을 돕는 NGO들이 많이 생기기도 했다.

카자흐스탄은 수용소 군도로서뿐만 아니라 1937년경 고려인을 비롯한 독일, 위구르, 타타르, 체첸, 폴란드, 그리스, 우크라이나, 발틱, 유대계 소수 민족이 강제 이주되어 내던져진 인종의 덤핑 그라운드 역할도 했다. 독일, 일본과의 전쟁에 대비하여 신뢰할 수 없는 계층들을 전선에서 멀리 떨어진 지역에 격리 수용하려는 스탈린의 히스테리는 중앙아시아를 다민족 지역화했고, 특히 카자흐스탄은 130여 개 인종이 공존하는 국가가 됐다. 카자흐스탄이 여타 중앙아시아 국가들에 비해 훨씬 많은 민족이 사는 곳이 된 것은 이곳이 강제로 이주된 여러 민족들의 1차적 종착역이었던 탓도 있지만, 강제적 집단 농장화에 따라 전통적인 유목 생활을 접고 고통을 겪던 카자흐인들이 자신들과 유사한 운명에 처한 이주 민족들에게 마음의 문을 열고 우정과 도움의 손길을 내밀었던 카자흐인 특유의 포용력을 발휘했던 것이 더 큰 이유였을 것이다.

카자흐스탄은 수용소 군도와 강제 이주 등 비극적 역사 때문에 타의에 의해 다민족 국가가 된 나라이지만 전 국민적 화합 속에 여러 민족의 지혜와 문화를 결집하여 국가 발전을 이룩해가면서 비극을 축복으로 바꾸어가고 있다.

4장

카자흐스탄의 이모저모

1

실크로드

🔵 　고대 로마제국의 귀부인들을 흥분시켰던 중국산 비단! 당시 로마의 귀족들은 동방에서 온 얇으면서도 부드러운 비단에 감탄을 멈추지 않았다. 이탈리아 반도를 넘어 지중해를 앞마당 삼아 소아시아와 북아프리카에 걸친 대제국을 건설한 로마인들. 이들의 사치 욕구를 채우기에는 비단이 제격이었다.

　장안을 출발하여 돈황을 지나 해발 3,000m 이상의 고봉들이 즐비한 톈산산맥을 넘고 사막을 지나서야만 겨우 지중해까지 도착할 수 있었으니 당시 이 비단의 가치는 짐작이 갈 만하다.

　이렇게 주로 비단을 실어 날랐던 '비단길'이란 명칭도 19세기 독일의 저명한 지리학자 리히트호펜에 의해 처음 사용되었다. 중

:: 톈산산맥

:: 카자흐스탄 도로변에 흐드러지게 핀 양귀비꽃.
예전 실크로드 여행자들도 이런 양귀비꽃의 아름다움을 감상했을 것이다.

국에서부터 중앙아시아를 경유해 유럽과 인도로 수출되는 주요 품목이 비단이었다는 점에서 이 교역로를 독일어로 '자이텐스트라센(Seidenstrassen, 비단길)'이라고 명명하고 이것이 영어로 실크로드라고 불리게 됐다. 동방에서 서방으로 수출된 대표적인 상품이 비단이었다면 서방에서는 옥, 직물, 불교, 이슬람교 등이 이 실크로드를 통해 수입됐다.

역사적으로 비단길은 기원전 4세기경 알렉산더 대왕이 지금의 타지키스탄과 키르기스스탄의 접경 지대인 페르가나 계곡 입구까지 진출하여 후대 대상로를 개척한 이래 B.C. 2세기경 전한시대에 장건이 전설의 명마인 한혈마를 구하기 위해 탐험을 하여 비단무역의 전초를 연 것으로 알려져 있다.

이 비단길은 장안(오늘날의 서안)을 출발하여 돈황과 톈산산맥, 타클라마칸 사막을 지나 유럽에 이르는 길인데, 톈산 북로는 톈산산맥의 북쪽 기슭 투판과 알마티를 지나며, 톈산 남로는 타클라마칸 사막의 남쪽을 거쳐 카슈가르 등을 지난다. 이 두 길은 페르가나 계곡의 코크란드에서 만나 사마르칸트, 부하라 등을 거쳐 카스피해와 흑해를 우회하여 지금의 이스탄불과 베니스 등에 연결된다.

이 길 외에도 스키타이와 같은 고대 유목민들이 다니던 북방 초원길이 있고 또 바닷길도 있었다. 지중해를 출발하여 홍해와 인도양, 동남아를 거쳐 중국과 한반도까지 이어졌던 바다 비단길을 통해서는 주로 도자기와 향료를 많이 실어 날랐다 하여 '도자기로', '향료로'라고 불린다.

　그중에서 카자흐스탄의 동남부를 휘감고 뻗어 있는 톈산산맥을 지나간 교역로가 우리가 흔히 알고 있는 바로 그 비단길이다. 지도를 펴놓고 중앙아시아를 살펴보면 톈산산맥이 중국 신장성을 기점으로 카자흐스탄, 키르기스스탄, 우즈베키스탄에 걸쳐 동서로 2,500km, 너비가 400km로 해발 3,000m 이상의 고봉들로 이어져 펼쳐져 있는 것을 알게 된다.

　지형만을 보면 높고 험준한 톈산산맥이 비단길에 걸림돌이 되어 동방과 서역을 구분하는 자연 경계선이 됐을 것으로 여겨진다. 그러나 톈산산맥이 인간의 통행에 방해만 주는 애물이었을까? 아니다. 이 지역은 산이 높은 만큼 만년설로 덮여 있고, 만년설이 녹은 물은 깊은 골이 되어 길을 만들었고 그 길을 따라 사람들의 왕래와 무역이 가능했다.

　실크로드와 떼놓을 수 없는 오아시스 도시들은 톈산의 물이 샘이 되고 시내로 된 지역에 형성됐고, 이곳에서 카라반들은 낙타에게 물을 먹이고 여독을 풀 수가 있었다. 그래서일까 카자흐스탄 알마티에서는 맥주의 이름에서부터 호텔의 이름에 까지 '톈산'을 붙여놓았을 정도로 '톈산'이라는 이름을 좋아한다. 소련 붕괴 후 이곳으로 진출한 미국인 선교사들이 세운 미션 스쿨의 이름도 '톈산 스쿨'이다.

　만약 톈산산맥이 지금의 위치에 존재하지 않았다면 과연 실크로드가 존재할 수 있었을까? 대답은 '아니요'이다. 실로 실크로

드는 톈산산맥이라는 어머니의 젖을 먹고 생겨나고 번성한 톈산
산맥의 자식이다. 톈산산맥에서 1년 내내 흘러내리는 물로 농사
를 짓고, 말과 양떼들에게 물을 먹일 수 있었던 것이다. 그리고
만약 톈산산맥이 해발 1,000m 이하의 낮은 산들이었다면 실크로
드가 존재했을까? 역시 대답은 '아니요'이다. 낮은 산들은 중앙
아시아의 스텝을 달려온 구름들이 부딪혀 비를 내리게 할 수가 없
다. 해발 3,000~4,000m 이상의 고봉들만이 구름을 막고, 비와
눈을 내리게 할 수 있었다.

톈산산맥은 비단길 대상로의 젖줄이었고 이제는 철도, 도로,
항공로 등 현대적 교통로가 낙타를 대신해 동서를 이어가는 것을
굽어보고 있다.

톈산산맥과
이식쿨 호수

톈산산맥은 중국과 카자흐스탄, 키르기스스탄에 연해 있고 그 자락이 우즈베키스탄에까지 이르는 고산준령의 산맥이다. 최고봉은 해발 7,439m의 승리봉이고 두 번째가 예로부터 숭배의 대상이었던 한 텡그리(Han Tengri, 해발 7,010m)이다.

높은 곳은 만년설로 덮여 있고 호수가 많아 중앙아시아의 알프스라고 알려져 있다. 산맥 깊은 곳으로 직접 여행을 떠나볼 수도 있지만 카자흐스탄 제1의 도시 알마티 내 어느 곳에서나 그 장엄한 자태를 접할 수 있고 시야가 긴 스텝 지역에서는 먼 곳에서도 잘 보여 이 산맥이 고대로부터 스텝 지역에서 생활하던 유목민들의 숭배의 대상이 됐던 이유를 짐작하게 한다.

:: 카자흐스탄, 키르기스스탄을 여행하면서 볼 수 있는 톈산산맥 자락과 이식쿨 호수

키르기스스탄에 있는 탈라스는 751년 고구려 유민 출신 고선지 장군이 톈산산맥 이서에까지 영향력 확대를 꿈꾸던 당나라 군대를 이끌고 중앙아시아의 사라센 군대와 일전을 벌였던 전쟁터이다. 이 전쟁에서 당나라군이 승리를 거두었다면 중국의 영토는 톈산산맥 이서의 지역으로까지 확장될 뻔했다. 이 전쟁에서 다수의 중국인이 포로가 됐는데 이들 포로 중 제지 기술자가 있어 중국의 종이 만드는 기술이 이슬람 세계에 전파되는 계기가 됐다. 전쟁이 문명의 전파에 기여한 한 예라고 할 수 있다(고선지 장군의 전적지인 탈라스의 위치에 대해서는 다른 설도 있어 현재 카자흐스탄 남쪽 우즈베크와의 접경 지대에 있는 타라즈가 751년 격전의 장소였다는 주장도 있다).

톈산산맥에는 여러 개의 호수가 있는데 그중 가장 큰 것이 키르기스스탄에 있는 이식쿨호이다. 키르기스어로 뜨거운 호수라는 뜻인데, 암염이 녹아 형성된 염수호로서 겨울에도 얼지 않는다. 호수물의 염도는 바닷물보다는 훨씬 낮지만 식용이나 농업 관개에는 적당치 않고 초대형의 송어가 산다고 한다.

해발 1,600m에 있으면서도 길이는 182km, 폭은 58km여서 우리의 제주도와 비슷한 크기의 대형 호수다. 가장 깊은 곳의 수심은 720m에 달하고 수질이 깨끗해 수심 20m까지가 그대로 보일 정도다. 소련시대에는 군 당국이 이시쿨호 주변이 4,000m를 웃도는 산악 지대이고 수질이 염수인 점에 착안, 미국의 첩보 정찰기를 피하고 바다와 유사한 환경에서 실험 효과를 거두기 위해 잠

수함을 띄워 어뢰 발사 실험을 한 곳이라고도 한다.

키르기스스탄이 자랑하는 소설가 아이트마토프의 작품 〈하얀 배〉로 더 잘 알려지게 된 이 호수의 정취는 키르기스스탄이 중앙아시아의 스위스라고 불리게 된 데 큰 몫을 하고 있는 키르기스 제1의 관광 명소다.

현재 이식쿨 호수를 찾는 관광객의 80%는 카자흐스탄 사람이라고 한다. 그래서 알마티에서 톈산산맥을 관통하여 이식쿨 호수로 바로 가는 약 100km의 관광 도로를 건설하는 계획이 추진되고 있고 도로가 완공되면 알마티에서 약 1시간 반 만에 이식쿨에 도달할 수 있게 된다고 한다.

3

한 텡그리

백두산이 한민족의 성산이듯이 한 텡그리는 카자흐 민족의 성산이다. 그래서 한 텡그리는 카자흐어로 '영(靈)의 왕'이라는 뜻이라고 한다. 톈산산맥 동쪽 끝자락에 위치한 한 텡그리는 7,010m의 고봉으로 인근의 7,439m에 달하는 파베다(러시아어로 승리)에 이어 톈산산맥의 제2봉이다.

카자흐스탄을 대표하는 항공사인 에어 아스타나의 사보 제호가 한 텡그리일 정도로 이 산은 카자흐인의 정신적 고향이지만, 막상 그 위치는 카자흐스탄, 키르기스스탄, 중국이 접경한 곳이어서 한 텡그리의 북쪽 경사면은 카자흐스탄, 남쪽은 키르기스스탄의 지경 내에 있다. 그래서 한 텡그리의 등정은 카자흐스탄과 키르기스스탄 양쪽에서 다 가능하다. 카자흐스탄 쪽 베이스캠프는 알마티에서 약 280km 떨어진 곳에 있는 해발 2,200m 고지에 있는데 알마티에서 차량으로 5시간 정도 걸린다. 다만 워낙 고지대이고 여름이 짧아 매년 베이스캠프는 7~9월까지만 개장을 한다.

한 텡그리는 베이스캠프로부터 약 95km 떨어진 곳에 있어 도보 등정을 하려면 3일 이상이 걸린다. 그래서 전문 산악인들은 헬리콥터로 해발 4,000m의 North Inylcheck Glacier까지 이동하여 거기서부터 등정을 시작한다. 두 곳을 연결하는 수송 수단인 헬리콥터는 20인승의 키르기스스탄 공군 소속 군용기(MI-8)이다. 카자흐스탄 영토인 베이스캠프에서 키르기스 군용기가 떠서 양국 공동 영토인 한 텡그리까지 알피니스트들을 수송하는 것이니 한 텡그리는 두 이웃 국가 간 국제 협력에도 한몫을 하는 셈이다.

해발 4,000m에 위치한 제2베이스캠프는 약 300m 두께의 빙산 위에 있고 여름에도 밤에는 기온이 영하로 떨어지는 곳이다. 여름에는 표면의 눈이 녹아 암석층이 나타나서 캠프로서 제 역할을 가능하지만 9월 말이면 다시 결빙하여 동면에 들어가는 곳이다. 제2베이스캠프에 가보면 피라미드 모양을 한 텡그리와 다소 완만한 모습의 파베다 봉이 손에 닿을 듯한 지척에 보여 3,000m의 고도 차이가 실감이 나지 않는다.

일반인들도 제2베이스캠프까지 헬리콥터로 갈 수 있는데 기후의 변화가 심한 곳이라 운이 좋아야 예정대로 다녀올 수 있다. 우리 산악인들도 한 텡그리에 1년에 몇 차례씩 도전을 하고 있고

:: 위_ 한 텡그리
:: 아래_ 헬리콥터 이동

2004년에는 조난 사고가 있기도 했다.

에베레스트보다는 훨씬 낮지만 아직 잘 알려지지 않아 손때가 덜 묻은 한 텡그리와 그 주변 넉넉한 품의 톈산산맥 줄기들은, 혹은 알피니스트들의 도전의 대상으로 혹은 하이킹을 즐기는 일반인들의 휴식 공간으로서 우리와도 친숙해지고 있다.

4

알마티 시민들의
사계절 휴식처 '침블락'

사계절 내내 주말이면 연인들 또는 가족 단위의 나들이객들이 즐겨 찾는 곳이 메데우 빙상 경기장이 있는 알아타우 산과 침블락 스키장이다. 특히 메데우 빙상 경기장 인근은 신혼부부들이 사진을 찍는 필수 코스이기도 하다.

메데우는 지주, 기둥이라는 카자흐어이고 러시아어인 침블락은 카자흐어로는 '쉼블락'이라고도 불린다. 쉼블락은 쉼(산봉우리)과 블락(샘, 근원)의 합성어로 '산봉우리에 있는 샘'이라고나 할까?

겨우내 톈산에 내린 눈이 여름에 녹아 산사태를 겪은 알마티가 수마와 진흙탕으로부터 시 전체를 보호하기 위해 건설했다는 메

:: 위_ 침블락에서 바라본 알마티시 전경

:: 아래_ 메데우 빙상경기장

:: 위_ 침블락 스키장
:: 아래_ 침블락 스키장 리프트

데우 댐을 빙상 경기장에서 침블락 스키장으로 올라가는 산중턱에서 볼 수 있다.

메데우 댐은 앞서 말한 대로 1970년대 건설부 차관을 역임한 허가이 알렉세이라는 고려인이 건설했다고 한다. 그는 카자흐스탄 최대의 댐 공사에 특이한 공법을 사용하여 세계 각국의 토목 공학자들을 놀라게 했다. 해발 2,000m 산속에 건설해야 하기 때문에 건설 자재를 실은 공사 차량 진입이 여의치 않고 진흙이 흘러내리는 악조건에서 공사를 강행해야 하는 불리한 상황 속에서 그는 협곡 좌우에 있는 높은 산을 폭파시켜 산에서 쏟아져 내린 흙과 돌로 100m 높이의 댐을 축조한 공법을 세계 최초로 선보였다.

세계적으로 큰 화제가 된 공법을 보기 위해 프랑스를 비롯한 유럽 여러 나라와 일본, 유네스코에서 견학을 오고 모스크바에서 전문가들이 찾아오는 등 한동안 허가이 알렉세이의 명성이 드높아진 적이 있다고 전해지며 이 공로로 허가이는 국가 공로훈장을 받았다.

침블락은 본래 스키장으로 개발된 지역으로 1940년대 말 영국인들이 해발 2,200m에 위치한 침블락이 스키장으로서 적합한 요건을 갖추고 있다고 판단하여 침블락을 스키장으로 조성하는 사업을 시작하여 1954년 국제 기준에 부합하는 스키장을 개장했다.

침블락 스키장은 1단계 케이블 스테이션(2,200m), 케이블 스테이션(2,630m), 3단계 케이블 스테이션(2,930m), 4단계 케이블 스테이션(3,160m) 등으로 구분되며 케이블의 총 길이는 총

3,000m에 이른다.

슬로프는 총 6개로 구성되어 있고 제일 높은 난코스는 3,163m 지점에서 출발하는 탈가르 패스(Talgar pass) 슬로프로서 길이는 343m에 불과하지만, 리프트로 올라가 톈산 정상에서 내려올 수 있는 유일한 슬로프인 셈이다.

침블락 스키장 주변에는 숙박 시설과 식당 및 사우나 등을 갖춘 16개의 코티지와 108개 객실과 식당, 카페 및 나이트클럽을 갖춘 3성 호텔이 영업 중에 있다.

4개의 케이블 체어와 2개의 케이블 로프로 운영되는 리프트는 오전 10시부터 오후 5시까지 연중 무휴로 운영되며 한여름에 4단계 케이블 스테이션에 올라 겨울에 내린 눈을 만져보고 싶은 여행객들은 긴 소매옷을 입어 한기로부터 몸을 보호해야 하고, 가을에는 반드시 두툼한 외투를 입어야만 오랫동안 톈산 정상을 거닐 수 있을 것이다.

카자흐스탄은 2011년 동계 아시아 경기대회를 카자흐스탄에 유치(현재 알마티와 아스타나 동시 개최를 검토중이다)해서 침블락 스키장은 국제 수준의 스키 경기장으로 발돋움하기 위한 단장이 한창이다. 알마티는 2014년 동계 올림픽 유치를 위해 우리의 평창과 함께 도전을 했었고, 2018년 동계 올림픽 유치에 유력한 후보지이기도 하다.

5

황금 인간

카자흐스탄에서는 오른손에 독수리를, 왼손에는 활을 들고 늠름하게 서 있는 황금 인간(Golden man)이라고 불리는 무사상을 도처에서 볼 수 있다. 황금 인간이란 이름으로 부르게 된 것은 유해가 발견될 당시 무려 4,000여 장이나 되는 황금조각의 옷을 입고 있었기 때문이다.

이 황금 인간은 1969년 카자흐스탄 '과학 아카데미' 고고학 부장인 이키세프가 알마티에서 동쪽으로 약 50km 떨어진 이시크시 교외 쿠르간의 고분에서 발굴한 것이다.

이 지역은 기원전 5~4세기의 사카 문화에 속하는 곳으로 사카 부족은 흑해 연안 스키타이 부족, 볼가강 연안의 사르마티안 부족과 더불어 황금 문화를 꽃피웠던 주역이다.

실제로 기원전 5세기부터 기원후 5~6세기까지 약 1,000년 동안 알타이 산맥을 중심으로 동서에 광범한 황금 문화대가 형성됐는데, 이 황금 인간은 그 당시 초원을 지배했던 사카 부족의 왕자였을 것으로 생각되며, 이 유해가 발견되어 2,500년 동안 묻혀 있던 스키타이, 사카 전사의 모습이 생생하게 되살아난 것이다.

원형 황금 인간상의 길이는 215cm로 모자 길이를 제외하면 이 황금 옷 주인공의 실제 키는 약 165cm 정도로 16~17세쯤 되는 소년이었던 것으로 보고 있다.

이 황금 인간이 쓰고 있는 '깔빡'이라는 긴 모자는 지금도 카자흐스탄 사람들이 명절이나 행사 때 즐겨 쓰는데, 거기에 새겨진 여러 동물들은 우주를 뜻한다고 한다. 특히 이마 쪽에 새겨진 뿔과 날개를 가진 두 마리의 말은 태양을 실어 나르는 말들이라고 하는데, 당시 뿔과 날개는 권력을 상징하는 것이어서 카자흐스탄 국장(國章) 도안에 이 두 마리의 말을 새겨놓았다.

:: 위_황금 인간
:: 아래_황금 인간 동상

223

오른손은 말채찍과 작은 칼을 들고 있고 왼쪽에는 긴 칼을 차고 있는데, 모두 권위와 명예를 상징하는 것들이다. 이 황금 인간의 진품은 러시아의 에르미타쥬 박물관에 따로 보관되어 있고 원형과 똑같은 모양의 복제품이 알마티의 카자흐스탄 국립중앙박물관에 전시되어 있다.

우리가 광장이나 유적 입구 등에서 흔히 보는 황금 인간상은 카자흐스탄 독립 직후에 쇼타 발리하노프라는 예술가가 원형 황금 인간을 모델로 삼고 카자흐스탄의 전설과 신화 등을 바탕으로 하여 전형적인 무사상으로 변형한 것이다.

오른손에는 자유를 상징하는 독수리를, 왼손에는 용맹을 의미하는 활을 들고 있도록 했으며, 황금 인간이 딛고 서 있는 표범은 대지를 뜻한다.

흔히 카자흐스탄 조상은 유목 생활을 해서 고유 문화가 빈약하다는 인상을 갖기 쉬운데, 이 황금 인간이 발견되어 그들에게도 과거에 찬란한 문화가 있었다는 긍지를 심어주기에 충분하게 되었다.

6

카자흐스탄이
튤립의 원산지?

튤립 하면 네덜란드를 연상하게 된다. 그러나 카자흐스탄의 남부 지역이 튤립의 원산지라는 사실은 잘 알려져 있지 않다.

튤립이 네덜란드에 전래된 것은 약 400년 전 오스트리아를 통해서였고 오스트리아에 튤립이 전해진 것은 오스만 터키에 의해서였다. 그리고 터키의 술레이만 황제가 16세기 중반 유럽에 전파한 튤립은 흑해와 카자흐스탄 남부 지역에 자생하던 야생 튤립이었다. 야생 튤립은 중앙아시아의 모든 나라에 자생하지만 카자흐스탄에 가장 광범위하고 다양하게 퍼져 있다.

최초로 카자흐스탄의 튤립을 과학적으로 연구한 사람은 러시아인이었고, 19세기부터는 영국과 네덜란드의 원예학자들이 그 연

:: 야생 튤립

구에 관심을 갖게 됐다고 한다. 카자흐스탄에는 모두 34종의 야생 튤립이 자생하는 것으로 알려져 있다.

종자 개량을 거쳐 우아하고도 화려한 자태로 우리 눈에도 익숙한 네덜란드산 튤립이 인공적인 아름다움을 갖추고 있다면, 매년 봄 카자흐스탄의 광활한 스텝 지역을 수놓는 야생 튤립의 아름다움은 그 다양함과 소박한 자연미에 있다고 하겠다.

중앙아시아의 튤립은 이 지역의 정치적 변화를 묘사하는 데도 쓰이고 있다. 2005년 3월 발생한 키르기스스탄의 정변을 '튤립혁명'이라고 명명한 것은 3월이 카자흐스탄과 키르기스스탄에 걸친 산야에 튤립이 만발하기 시작하는 시기이기 때문이었다.

7

'카자흐'와 '코사크':
자유인

카자흐스탄의 정식 국명은 '카자흐스탄공화국'(The Republic of Kazakhstan)이다. 줄여서 표기하면 우리와 같은 ROK 이지만 한국과 국명 약자가 겹치는 것을 피하기 위해서인지 영어 약호는 'RK'로 표기한다. Kazakhstan이라는 국명을 풀어보면 'Kazakh'은 카자흐 민족의 이름이고 'stan'은 페르시아어로 나라, 민족이라는 의미의 말이다.

카자흐스탄을 방문하는 많은 사람들이 카자흐(Kazakh)와 코사크(Cossak)가 같은 민족인지를 묻는다. 추억의 명화〈대장 부리바〉를 떠올려보면 영화에 나오는 코사크족은 러시아 사람을 닮은 듯하다. 카자흐스탄에 와서 보니 우리와 비슷하게 생겼다는 말을 듣기도 한다. 위키피디아 백과사전에 보면 코사크를 설명하는 도입 부분에 코사크와 카자흐를 혼동하지 말라는 언급이 있는 것을 보면 두 민족을 혼동하는 것은 우리만이 아닌 듯하다.

카자흐족이 중앙아시아 스텝 지역에 등장한 시기는 기록이 없어 잘 알려져 있지 않다. 카자흐족은 투르크족과 몽고족의 혼혈로 카자흐는 현지 말로 '스텝을 방랑하는 사람'들로 번역된다. 유목 기마민족의 전통을 가진 카자흐인에 어울리는 민족명이라고 할 수 있다.

한편, 코사크는 러시아의 농노 중 영주의 억압을 피해 우크라이나와 스텝 지역 평원으로 도망쳐 집단 생활을 하면서 어느 정권에도 속하지 않고 유목과 전쟁을 주업으로 하던 슬라브족이다. 주로 12세기 말부터 13세기에 걸쳐 몽고의 침입을 피해 일단의 사람들이 러시아의 돈강과 체첸의 테렉강 그리고 서시베리아 등에서 집단적으로 거주하기 시작하면서부터 코사크가 태동된 것으로 알려지고 있다.

또한 러시아에 농노 제도가 자리를 잡아가면서 지주들을 피해 서부 우크라이나, 동부 폴란드와 리투아니아 동부 지역으로 피해 간 '자유인'들도 후에 코사크의 중요한 부류를 이루게 된다. 이들은 말을 잘 타고 전투에 익숙하여 18세기와 19세기에는 러시아 정규군의 중요한 일부로서 주로 러시아 서부 및 남부 국경 수비에 동원되기도 했으며, 오스만 터키 및 타타르 민족의 러시아 침공을 저지하는 데 탁월한 실력을 발휘하기도 한다. 19세기에 들어서서는 카스피해 연안과 우랄 남부 지역에서 카자흐 민족의 북상을 저

:: 제2차 세계대전 참전 용사를 추모 중인 카자흐스탄 참전 용사들

지하는 한편, 러시아가 중앙아시아를 식민화하는 과정에서 첨병 역할을 하기도 했다. 코사크 기병대가 지금의 알마티에 1856년 최초의 러시아 요새를 구축하여 코사크와 카자흐가 지배자와 피지배자로 공존하기 시작했으니 카자흐와 코사크의 인연은 악연으로 시작된 듯하다.

전혀 민족적 연관성이 없는 카자흐와 코사크가 어떻게 비슷한 명칭을 쓰게 됐는지에 관해서는 정설이 없다. 하지만 카자흐 민족이 코사크의 출현 이전부터 존재했고 카자흐라는 말의 뜻이 '자유인, 방랑자'를 뜻함에 비추어 슬라브계 도망자와 농노들이 집단을 이루는 가운데 유목을 주업으로 얽매이지 않는 생활을 영위하던 카자흐 민족의 명칭을 차용하지 않았나 하는 추측을 하게 한다.

이렇듯 카자흐와 코사크는 인종적으로나 언어적으로 전혀 다른 민족이다. 카자흐와 코사크가 공통점이 있다면 두 민족 모두 말을 중요한 생존 수단으로 하고 있고 기마 전투에 능하다는 것이다.

실제로 말은 카자흐인에게 가장 친근한 동물이었다. 고기를 좋아하는 카자흐인의 식단에서 빠지지 않는 것이 말고기와 말젖, 그리고 말젖으로 발효한 쿠무즈라고 불리는 요구르트이다. 카자흐스탄과 키르기스를 연해 있는 톈산산맥과 스텝 지역에는 세계에서 유일하게 아직 야생마가 남아 있다고 한다. 또한 이 지역의 말이 아랍 명마의 원조이며 카자흐인이 최초로 말을 길들인 민족이라는 것이 정설이다. 박차를 비롯해 말을 탈 때 쓰는 많은 장비도 카자흐인이 고안했을 것이라고 추측하는 이들이 많다.

카자흐 사람들은 '자유인'이라는 민족 이름이 뜻하는 것처럼

:: 카자흐스탄 자유의 상징
독수리

외국 문물에 개방적이고 관용적이면서 130여 개의 이민족과 모범적인 민족 화합을 이루며 살고 있다. 카자흐인의 개방성과 관용의 정신이 여러 민족이 함께 사는 나라로서 최근에 터득한 실용적인 삶의 지혜라고 보는 견해도 있다. 하지만 그보다는 거칠 것 없는 광활한 스텝 지역을 삶의 터전으로 삼아왔던 카자흐인이 자유에 대해 두는 가치가 타민족의 자유에 대한 존중으로까지 확장된 결과라고 보는 것이 옳을 듯하다. 이러한 민족의 특성이야말로 동서를 잇는 새로운 실크로드 건설을 목표로 하고 있는 카자흐인에게 가장 필요한 장점이 아닌가 싶다.

● 오랄만이란?

오랄만이란 카자흐가 러시아에 병합된 후 고국을 떠나 중국, 우즈베크, 러시아 등에서 살다가 최근 카자흐스탄 정부의 인구 증가정책에 의해 귀국하고 있는 카자흐 귀환 동포를 뜻하는 명칭이다. 매년 1만여 명의 오랄만들이 고국으로 돌아오고 있는데 현재 세계 각지에 거주하고 카자흐인의 숫자는 아래와 같다.

총 계	국내 거주 (카자흐스탄)	국외 거주				
		소 계	중 국	우즈베크	러시아	기타
12,385,300	8,725,200	3,660,100	1,350,100	1,200,000	653,000	457,000

〈출처 : 메가폴리스(2006년 4월 17일)〉

8

알마티 :
사과의 도시

🔹 카자흐스탄 제1의 경제 중심 도시인 알마티는 제정 러시아 시대인 1854년 국경 요새로 출발했고 당시 이름은 '베르니'였다. 1917년 러시아혁명 이후 이 도시는 카자흐어로 '사과의 할아버지'라는 뜻의 러시아어식 표현인 알마아타로 명명됐고, 1991년 카자흐스탄이 독립한 이후 순수 카자흐 말인 '알마티'로 다시 명명됐다.

  1920년대 미국의 문호 어니스트 헤밍웨이가 방문해서 눈 덮인 톈산산맥과 지천으로 널린 사과밭의 정경에 취해 세계에서 가장 아름다운 도시라고 찬탄을 했던 곳이기도 하다. 알마티의 정취를 기록에 남기고 과수원에서 사과를 수확하며 맛보았던 인물 중 하나는 레닌과 함께 러시아혁명을 이끌었던 레온 트로츠키이다. 트로츠키가 1928년 스탈린과의 권력 싸움에서 밀려 모스크바를 떠나 처음으로 귀양살이를 한 곳이 바로 알마티였던 것이다. 지금은 번화가로 변한 알마티 시내의 아파트에서 망명 생활을 하며 답답한 심정을 달랬던 트로츠키는 사냥과 집필로 소일하면서 톈산산맥과 알마티의 아름다운 정경, 사과에 대한 추억을 기록으로 남겼다.

지금도 알마티 인근의 구릉 지대 산에는 야생 사과나무가 수종의 주류를 이루고 있다. 알마티가 정말 사과의 원산지인가에 대해서는 정설이 없었지만, 13세기 초 칭기즈칸 군대가 알마티를 거쳐가면서 말린 사과를 군용 식량으로 징발했다는 이야기가 전해지고 있어 알마티의 사과 재배 역사는 상당히 길 것이라는 추측 정도만이 있었다.

알마티 사과가 사과의 원조임을 밝혀낸 사람은 소련시대 저명한 농학자였던 니콜라이 바빌로프였다. 누구보다도 많은 식물의 원산지를 밝혀낸 바빌로프는 알마티 구릉지의 야생 사과가 세계 어느 곳에서 자라는 야생 사과보다 크다는 점에 착안하여 알마티가 사과를 처음으로 개량하여 식용으로 재배한 곳이라는 것을 증명해냈다. 아직도 키르기스스탄, 중국과 접경한 카자흐스탄 동남쪽 톈산산맥 기슭에는 인류가 소비하는 모든 사과 품종의 원조들이 다시 야생 사과가 되어 숲을 이루어 자라고 있다.

알마티는 남쪽이 3,000m가 넘는 톈산산맥으로 둘러싸여 인근

:: 위_ 알마티시 문장
:: 가운데_ 알마티시 전경
:: 아래_ 알마티시 야경

:: 위_카자흐스탄 문화의 상징 : 아바이
   오페라 · 발레 극장 외관 및 내부
:: 아래_알마티의 상징, 사과

의 스텝 지역보다 강우량이 많고, 톈산산맥의 눈 녹은 물로 형성
된 계천이 있어 예로부터 사람이 살기에 적합한 곳이었다. 1974
년 알마티 교외에서 발굴된 스키타이 시대의 전사 황금 인간은 알
마티가 기원전 5세기경 스키타이 문명의 일부였음을 입증하고 있
다. 알마티 시청은 알마티 북쪽에 위치한 스키타이 문명 시대의
고분군을 문화 유산으로 보존하려는 계획을 추진하고 있고 고분
보존으로 유명한 경주시의 경험을 배우려 하고 있기도 하다.

구소련 시대에는 크레믈린의 서기장들에게 진상품으로 보내질
정도로 알 굵고 과육이 달았던 알마티 특산 사과는 소련 해체 이
후 혼란기를 거치면서 품종 개량 작업이 중단되고 값싼 개량종 수
입 사과가 들어오면서 자취를 감추고 있다. 20~30년 전 우리나
라에서 선물의 주종이었던 홍옥, 국광 등 우리 재래종 사과가 이
제는 추억의 과일이 되어가는 것과 비슷한 현상이다.

1997년 카자흐스탄 정부가 아스타나로 수도를 옮기면서 인구
130만의 알마티는 카자흐스탄 금융과 경제의 거점이 되고 있다.
카자흐 정부는 급성장하는 경제를 기반으로 알마티를 중앙아시아
의 금융과 물류의 중심으로 발전시킨다는 계획을 갖고 있어 서울
과 인천 지역을 동북아의 금융 허브로 발전시킨다는 우리와 일맥
상통하는 목표를 갖고 있다. 알마티를 국제적인 도시로 탈바꿈시
키는 것도 좋지만 알마티의 사과가 다시금 사과의 할아버지로서
명성에 걸맞는 모습과 맛을 되찾도록 하는 일도 의미가 있을 것
같다.

9

아스타나 :
카자흐스탄의 상트페테르부르크

카자흐스탄이 수도를 국토 중앙의 불모지 아스타나로 옮기기로 결정한 것은 1997년이다. 당시 수도 이전을 주장한 나자르바예프 대통령을 제외한 모든 카자흐스탄의 정치 · 경제계 지도자들과 국민들은 이러한 대통령의 계획에 회의적이었다고 한다. 톈산산맥의 수려한 경관과 카자흐 정치 · 경제의 중심으로 역사를 지녔을 뿐 아니라 비교적 온화한 기후 등 천혜의 조건을 가진 알마티를 버리고 거친 스텝 지역 한가운데 위치한 영하 40도의 아스타나로 수도를 옮기겠다는 발상이 인기 있는 아이디어는 분명 아니었을 것이다.

아스타나의 예전 이름은 '벨라야 모길라' 그러니까 흰 무덤이

:: 아스타나의 상징 : 바이테렉

었고 아스타나의 황량한 주변은 이 지역이 왜 그런 이름을 갖게 됐는지를 짐작케 한다. 수도로 지정되기 이전 아스타나는 1960년대 흐루시초프 처녀지(Virgin Land) 정책에 따라 밀농사를 짓기 위해 이민해 온 러시아계가 주로 사는 인구 10여만의 작은 도시였다. 한여름에는 기온이 40도에 이르고 가장 추운 1~2월의 며칠은 기온이 영하 45도까지 내려가는 혹독한 자연 조건에다 가장 가까운 인구 밀집 지역에 가려면 수백 킬로를 달려야 하는 그야말로 거칠고 고립된 광야 지역이었다.

1997년 수도가 된 아스타나의 건설이 본격화된 것은 카자흐스탄이 경제적으로 연 10%에 가까운 고도 성장을 시작한 2000년경부터이다. 2004년에는 대통령궁을 비롯한 정부의 모든 기관이 이전을 완료했고 외교단도 속속 이전을 완료했거나 준비하고 있다.

지금의 아스타나는 벌써 인구 60만의 규모의 현대식 도시로 탈바꿈했다. 어려운 자연 조건이야 어쩔 수 없지만 현대식 정부 건물을 비롯해서 아파트 블록이 즐비하게 건설되고 있고 우리나라의 건설 회사 중 하나도 대통령궁 주변 요지에 2,700세대의 고급

:: 아스타나 신도시 정부 청사 단지, 중심에 있는 건물이 대통령궁

아파트를 짓고 있다. 2006년에는 영국의 세계적인 건축가인 노먼 포스터가 설계한 피라미드 형태의 평화와 화합의 궁전이 건설되는 등 도시의 예술적 미관을 고려한 각종 공사도 진행 중이다. 그동안 도시 건설에 투자된 금액은 약 50억 달러이고 아스타나의 건설 경기가 카자흐스탄의 GDP 성장에 큰 몫을 하고 있다는 분석이 나올 정도다.

알마티와 아스타나의 전혀 딴판의 자연 환경을 비교해보면 나자르바예프 대통령이 막대한 자금을 들여 아스타나로 수도를 옮긴 이유에 대해 의문을 갖게 된다. 여기에는 여러 가지 설이 있지만 가장 타당성 있는 이유는 정치적 고려와 국토의 균형 발전에 대한 고려로 요약된다.

　지도를 살펴보면 알마티는 카자흐스탄의 동남쪽 귀퉁이에 자리 잡고 있다. 제정 러시아의 요새로부터 시작되어 러시아의 중앙아시아 진출에 전초지로서 역사를 갖고 있고, 천혜의 자연 환경을 갖춰 구소련 시절 소련 지도자들이 여름 휴양과 겨울 스키 여행을 위해 머물곤 했던 곳이었으므로 알마티를 카자흐스탄공화국을 다스리는 거점으로서 정한 것은 소련 지도자들로서는 당연한 선택이었을 것이다.

　그러나 카자흐스탄이 독립하면서 신생 독립국 지도부의 생각은 달랐다. 너무 구석에 치우친 알마티의 위치는 수도로서는 부적절했고 또한 카자흐스탄 북부가 주로 러시아계 인구가 거주하는 지역이었던 점을 감안할 때 새로운 독립국 카자흐스탄의 수도는 국토를 통괄하는 중앙에 카자흐인에 의해 건설되어야 한다는 것이 지도부의 인식이었던 같다.

　카자흐스탄의 국토 중 사람이 살기에 적합한 지역은 남쪽의 톈산산맥, 동쪽의 알타이 산맥 등에 연해 있는 지역과 서쪽의 카스피해에 연한 지역이다. 그 결과 카자흐스탄은 국토 가장자리에 인구가 밀집해 있고 스텝, 사막 등 불모지가 대부분인 가운데가 비는 기형적인 인구 분포를 보이게 됐고, 독립 후 신정부는 국토의 균형 발전을 위해서 다소의 자연조건상 어려움은 무릅쓰고서라도 중앙에 새로운 수도를 두는 것이 필요했을 것이다.

　현재 카자흐스탄의 주요 거점은 정치 중심지로서 아스타나,

경제 중심지로서 알마티, 카자흐스탄 최대 항구로 카스피해의 악타우, 에너지 생산의 중심지로 악티라우 등 네 곳이다.

카자흐스탄이 아스타나로 수도를 이전한 것을 18세기 초 피터 대제의 상트페테르부르크 건설에 비견하는 견해도 있다. 당시 오랫동안 러시아 민족의 수도였던 모스크바를 버리고 동토의 늪지대에 국력을 쏟아 새로운 도시를 건설한다는 피터 대제의 계획은 많은 반대에 직면했었다. 그럼에도 불구하고 오늘날 아름다운 상트페테르부르크가 러시아를 대표하는 도시로 등장할 수 있었던 것은 피터 대제의 새로운 러시아 건설 의지 덕분이었다.

아스타나가 카자흐스탄의 수도로 등장하면서 세계에서 제일 추운 수도의 순위가 바뀌었다고 한다. 이제 아스타나가 몽고의 울란바토르, 캐나다의 오타와를 제치고 세계에서 가장 추운 수도로 등극한 것이다. 어려운 여건을 극복하고 건설된 아스타나가 카자흐스탄의 새로운 수도로 자리 매김을 했다는 것을 부정하는 이는 없다. 중앙아시아의 새로운 거인으로 떠오르는 카자흐스탄의 독립 의지, 그리고 개척 정신을 반영하는 아스타나가 카자흐스탄의 상트페테르부르크로 등장하려는 것이다.

10

카자흐스탄 최대의 명절 : 나우리즈

3월 중순경 카자흐스탄을 방문하는 외국인들은 나라 전역이 들떠 있는 느낌을 받게 된다. 카자흐 사람들의 봄맞이인 나우리즈(Nauryz)가 시작된 것이다. 현란한 색상과 무늬로 치장한 수많은 대형 장식이 대로변에 걸리고 크고 작은 건물과 대학, 중고등학교, 상점, 식당들도 종이꽃과 각종 화려한 장식으로 한껏 치장을 한다. 간혹은 지난해 미처 철거하지 못한 크리스마스 장식과 어우러져 묘한 느낌이 들기도 한다. 색상과 장식이 촌스럽고 조잡한 것이 대부분인데 꾸밈없이 촌스러운 것이 야하고 선정적이라 좋다는 사람들도 있다.

나우리즈는 '새로운'이라는 뜻의 나우(Nau)와 '날'을 의미하는 리즈(Ryz)의 합성어로 '새로운 날'을 의미한다. 스텝은 아직 눈에 덮여 있으나 봄햇살이 이미 새로운 생명의 기운을 불어넣고 자연은 기나긴 겨울을 지나 봄의 기지개를 펴기 시작한다. 카자흐 사람들은 물론 양력을 쓰지만 무슬림 관습에 따라 3월 22일부터 아누리즈로부터 한해를 세기 시작한다. 우리의 구정과 유사하다고 할 수 있다. 나우리즈가 되면 그간의 모든 오해를 풀고 서로 간의 앙금을 털어버리고 모두가 모두를 용서한다. 봄이 모든 것의 새로운 시작을 의미하듯 자연의 일부인 인간들도 새로운 시작을 준비해야 한다는 것이다.

축제는 집안과 주변 청소를 하면서 시작된다. 3월 22일을 앞둔 며칠간 빗자루와 쓰레받기 등 청소 도구를 들고 시내 곳곳을 청소하는 학생들과 공무원들의 모습을 볼 수 있다. 구청에서 담당 구역을 지정하고 구청 직원들과 학교 선생님들이 학생 또는 공무원들을 세워놓고 출석을 부르는 모습을 볼 수 있는데, 우리의 새마을 운동을 연상시킨다. 지방의 작은 마을에서는 우물 청소가 필수적이기도 하다.

청소가 끝나면 대규모 축제가 전국 마을과 도시 곳곳에서 시작된다. 모두가 화려한 전통의상으로 갈아입고 학교 운동장과 마을 공터와 공설 운동장 등에 유르타가 세우고 준비한 음식이 식탁을 채우면 축제 분위기는 한창 무르익는다. 전날 발표된 대통령의 나우리즈 축사가 소개되고 대학 총장, 교장 선생님 또는 직장의 장 그리고 행사에 참석한 귀빈들의 길고 긴 축사가 이어진다.

:: 나우리즈 축제 행사 장면

:: 위_ 나우리즈 축제 모습
:: 아래_ 돔부라를 들고 있는 소녀

나우리즈는 카자흐 민족들만의 축제가 아니라 카자흐에 사는 130개 민족 모두의 축제다. 전통의상을 보면 고려인들의 한복을 비롯해서 러시아인, 독일인, 위구르인, 터키인 등등 세계 모든 민족의상이 거의 다 동원되어 모든 민족의 축제임을 과시한다. 민족의 화합과 단결을 가장 중요시하는 카자흐스탄은 무슬림의 축제인 나우리즈를 전 세계 민족의 축제로 승화시키는 것이다.

카자흐스탄을 방문하는 사람들은 카자흐의 전통을 묘사하는 그림 중 젊은 남녀가 말을 타고 질주하는 그림들이 유독 많은 것을 볼 수 있다. 주로 남자가 여자를 뒤쫓아가는 것인데 '카즈 쿠(Kaz kuu)'라고 불리는 일종의 게임으로 나우리즈 축제에서 빼놓을 수 없는 행사 중 하나이다. 카자흐 여인들의 손가락은 돔부라(Dombra, 기타 모양의 카자흐 전통악기) 줄을 퉁겨 아름다운 소리를 낼 수 있을 뿐 아니라 말고삐를 잡아채는 데에도 익숙하다. 남자가 여인을 쫓아가 잡게 되면 여인은 그 남자에게 몸과 마음을 주는 것으로 되어 있는데 실상 그런지는 알 수 없다. 카즈 쿠를 하는 모습을 지방에서는 종종 볼 수 있으나, 이미 대도시에서는 사라진 지 오래이다. 나우리즈 기간 동안 알마티 시내를 고속으로 질주하는 일단의 차량을 간혹 볼 수 있는데 카즈 쿠의 현대화된 모습이라는 설이 있다.

나우리즈를 얘기하면서 카자흐스탄의 전통음식을 언급하지 않을 수 없다. 카자흐 사람들은 나우리즈의 식탁이 풍요로워야 한 해의 번영과 가족의 번창이 약속된다고 한다. 우리 표현대로 상다리가 부러지게 식탁을 차린다. 그중 눈에 띄는 것은 나우리즈 코예(Nauryz Koye)라는 걸쭉한 죽같이 생긴 음식이다. 이 죽은 각각의 의미를 갖는 7개의 재료로 만들어지는데 의미는 대략 이렇다. 물-행복, 육류-행운, 소금-지혜, 버터-건강, 밀가루-부(富), 쌀 또는 옥수수-자식의 번창과 하늘의 가호를 의미한다.

나우리즈 코예는 일곱 덩어리의 빵과 일곱 잔의 쿠미스(Kumyz)와 함께 손님들에게 제공되는데, 통상 일곱 개의 유르타를 돌며 이를 먹도록 되어 있다. 처음부터 많이 먹을 게 아니다. 특히 쿠미스가 말 우유를 발효시킨 알코올 음료임을 생각하면 만취하기 일쑤이니 조심할 일이다. 우리의 김치 맛이 집집마다 다르듯이 집집마다 쿠미스를 만드는 노하우가 각각 다르다. 과거에는 쿠미스 요리 비법을 외부에 유출하면 장님을 만들었다는 얘기가 있다.

1924년 소련 정부는 나우리즈를 시대 착오적인 풍습이라 하여 금지했고 그로부터 1960년이 지난 1988년에 가서야 축제가 허용되어 오늘에 이른다.

11

손님맞이와
음식 문화

카자흐 문화에서 빼놓을 수 없는 것은 손님접대(Konak kutu)이다. '손님이 오면 복이 온다'라는 격언대로 카자흐인은 손님으로 가길 좋아하고, 집에 손님이 오는 것을 즐거워하며 복된 일이라고 여긴다.

카자흐인들의 일상은 늘 손님과 더불어 존재한다고 해도 과언이 아니다. 카자흐인에게 손님은 다음 세 가지 형태가 있다.

첫째, 생일이나 기념일 등 특정한 날이나 목적을 위해 초대받은 사람들인데 이들을 특별 손님(Arnaji konak)이라고 부른다. 한 아이가 태어나면 그를 위한 잔치와 의례는 이생을 마감할 때까지 끊임없이 이어진다. 그리고 이러한 각종 의례들은 이 행사에 초대된 손님들과 더불어 치러진다.

둘째, 안부를 묻기 위해 잠깐씩 들렀다 가는 친척과 지인들을 방문 손님(Kudirmali konak)이라 한다. 도시에 있는 카자흐인들 가정에는 시골에서 와서 잠깐씩 도시에 머물렀다 돌아가는 방문 손님을 한두 명씩은 꼭 볼 수 있다.

셋째, 예고 없이 불시에 알지 못하는 사람의 방문을 받게 될 때, 카자흐인들은 그를 하나님의 손님(Kudai konak)이라 부른다. 이 것은 모든 손님은 하나님이 보내셨다는데 기초하여, 알지 못하는 낯선 사람일지라도 기꺼이 자기 집에 들여 음식을 대접하고 쉬어 가게 했다.

손님이 집에 왔을 때, 손님을 맞이하는 주인은 먼저 들어오는 손님을 향해 인사를 해야 한다. 그리고 주인은 가장 먼저 손님에 게 '퇴르게 오트룽으즈!(Torge oturunguz!)', '죠가르 싀긍으즈 (Jogaru shugunguz!)'라는 말로 상좌에 앉도록 권한다. 그 다음 에는 손님을 위해 정성스런 식탁을 차린다. 카자흐 민족에게 식 탁(Dastarhan)은 아주 중요한 단어로 여러 가지 뜻을 갖고 있다. '식탁'이라는 뜻과 함께 '식탁보'를 말할 때도 '다스타르한'이라 는 말을 사용하며 이것은 풍요와 만족을 의미한다. 손님을 맞이 할 때, '상차림, Dastarhan Jasau'에 앞서 해야 할 것은 '식탁보 를 까는 것, Dastarhan Jayu'이다. 식탁이 탁자 위에 차려지든, 바닥에 차려지든 상관없이 식탁보는 식탁과 관련하여 카자흐인에 게 없어서는 안 될 필수적인 물품이다. 그리고 바닥에 식탁이 차

:: 카자흐스탄 전통 음료 쿠미스, 쿠미스는 말젖을 발효한 음료로 아래의 가죽 옹기가 말젖을 발효하는 전통 도구

려지는 경우, 바닥에 깔린 식탁보를 밟지 않도록 유의해야 한다. 식탁보를 밟는 것은 식탁 위를 밟고 서는 것과 같은 행위로 간주되기 때문이다.

중앙아시아 지역을 여행하다 보면, 대부분의 지역에서 기름밥(Palau), 만띠(Mantji), 베스바르막(Besbarmak), 라그만(Lagman), 샤쉴룩(Shashluk) 등이 공통으로 나오는 음식이라는 것을 알 수 있다. 민족들 사이에 서로 음식의 유사성이 있는 것은 분명하지만, 식사 대접 방식은 각 민족만의 독자성이 있다. 예를 들어, 카자흐인들은 손님이 왔을 때, 고기를 대접하는 것을 최고의 접대로 여겨 베스바르막과 카즈(Kaz)를 준비한다면, 우즈베크인들은 손님들을 기름밥으로, 위구르인은 만띠와 라그만으로 대접한다.

이렇듯 카자흐인의 손님 접대라면 뭐니 뭐니 해도 고기를 빼놓을 수 없다. 손님 접대를 즐기는 카자흐인들은 늘 집에 고기를 보관하고 있지만, 집에 귀한 손님이 오는 경우, 반드시 양이나 새끼

가축을 잡아서 손님에 대한 모든 존경을 표했다. 손님이 많은 경우, 말을 잡기도 했다. 말고기는 모든 고기 중에서도 가장 귀한 것으로 간주되기 때문이다.

:: 카즈

카자흐인에게 오신 손님들을 어떤 고기의 어떤 부위로 대접해야 하는지를 아는 것은 매우 중요하다. '고기 접시 꾸미기 (Tabak Jasau)' 라는 말은 고기를 내는 접시를 어떤 부위의 고기로 꾸미느냐 하는 것으로 우리 식의 상차림과 맞먹는 의미를 갖는다고 할 수 있다. 타박이라는 단어는 보통 고기 요리를 담는 그릇으로 접시보다 좀 커서, 식탁 가운데에 놓고 여러 사람이 함께 나누어 먹는 쟁반 같은 것을 말하는데 원래는 나무로 만들어졌고, 후에 쇠나 사기, 유리로 만들어진 타박도 나왔다.

우선 고기에 따라 카자흐인들이 어떤 부위를 중요하게 여기는가를 살펴보면, 양은 머리, 넓적다리, 무릎뼈 등을 가장 중요한 부위로 간주한다. 말은 야-잘(Jaya-Jal)이라고 부르는 목과 목덜미 부위, 카즈(Kaz, 창자에 갈비뼈 살을 넣어 만든 소시지), 카르타 (Karta, 내장 종류)를 가장 귀한 부위로 여긴다.

카자흐인들이 타박을 꾸며서 내는 것과 관련하여 몇 가지 규칙들이 있다.

우선, 손님이 많은 경우, 식탁에 둘러앉은 사람들의 자리와 관련하여, 상석 타박(Bas Tabak), 중간 타박(Orta Tabak), 말석 타박(Ayak Tabak) 세 가지 형태로 구분된 타박이 제공된다. 식탁의 상석에는 손님 중에서 주빈이자, 웃어른들이 앉게 되며, 중간 자리에는 상석에 앉은 사람들을 제외한 나머지 손님들이 앉으며, 말석에는 손님 접대를 도우러 온 이웃이나 친척 여인들이 앉는다. 바스 타박에는 주로 양 머리, 넓적다리, 골반, 복사뼈, 갈비, 기름진 꼬리 부위 등이 담겨지며, 오르타 타박에는 골반뼈, 무릎뼈, 넓적다리 부위가 올라오며 말석에는 남은 여러 가지 다른 부위의 고기들이 오르게 된다.

양머리는 손님 중 가장 나이가 많거나, 권위 있는 사람을 위한 것으로, 그와 함께 바스 타박을 받은 손님들은 그가 먼저 양 머리를 집기 전에는 절대 먼저 고기접시에 손을 대서는 안 된다. 전해 내려오는 관습에 따르면 양 머리를 전해 받은 사람은 먼저 자신이 한번 잘라 맛을 본 후 함께 바스 타박을 받은 사람들에게 나누어 주어 맛을 보게 한다. 그 후에 머리껍질의 절반과 귀 하나를 남겨 두었다가, 중간 타박을 받은 사람 중에서 연장자에게 나머지를 맛보도록 넘겨주도록 되어 있다.

용무가 있어 온 손님이라도 이렇게 일단 안으로 들어와서 음식을 대접하고 식사가 끝난 후, 자리를 뜨려고 할 때에야 그에게 무슨 청할 일이 있어서 왔느냐고 묻는 것이 예의다. (부이음타이 쑤라우, Bujimtai surau).

앞에서 잠시 언급했듯이 카자흐인들에게는 '하나님의 손님'이라는 개념이 있다. 알지 못하는 낯선 곳에서 머물 곳도 없고, 아는 사람도 전혀 없는 상황에 처할때, 누구든 아무 집에 들어가서 '하나님의 손님'이라는 이름으로 도움을 청할 수 있다. 하나님의 손님의 방문을 받은 집은 그를 정성껏 환대하고, 음식을 대접해야 하며, 스스로 떠날 때까지 그 집에 머물 권리를 주어야 한다. 만일 하나님의 손님의 방문을 받은 집주인이 그를 잘 환대하지 않거나, 여유가 있는 데도 양을 잡지 않는다면 그것은 본인에게 장차 커다란 수치감으로 되돌아올 것이라는 것이 대평원의 윤리로서 카자흐인의 정신 속에 전해 내려오는 사고방식이다.

현대의 카자흐인들, 특히 알마아타와 같은 대도시에서 성장한 카자흐인에게 과거와 같은 카자흐인의 손님접대를 기대하는 것은 불가능하다. 하지만 일반적으로 카자흐인은 자신의 가정에 손님이 오는 것을 매우 좋아하며 반긴다. 잊지 않아야 할 것은 카자흐인은 자기 가정에서 가장 중요하다고 여기는 음식(고기)을 그들이 가장 중요하다고 여기는 자기 아이를 위해서가 아니라, 바로 언제 올지 모르는 낯선 손님을 위해 남겨놓는다는 것이다.

12

전통 문화 맛보기 :
전통 놀이와 민속 축제

다른 민족들과 마찬가지로 카자흐인들 역시 선조 때부터 전해 내려오는 다양한 형태의 오락거리와 놀이, 스포츠들이 있다. 카자흐인들이 전통 놀이와 오락을 통해 의도하는 것은 후손들이 건강하고, 강인하며, 용감하고, 지혜로우며, 규칙을 준수하고, 지략을 가진, 활력 있고 인간적인 품성을 가진 사람이 되도록 가르치는 것이었다.

: 말 관련 놀이

카자흐인들이 말에 관한 한 정통하다는 것은 말이 카자흐의 스텝 지역 거주민들에 의해 처음으로 가축화됐다는 최근의 고고학자들의 발견으로 입증됐다고 할 수 있다. 그렇기에 카자흐스탄의 국민 스포츠가 바로 말을 다루는 기술을 중심으로 발전했다는 것은 쉽게 생각할 수 있다. 스텝 지역의 말은 강력한 스태미나와 견고함을 자랑한다. 또한 어떤 종류의 말은 상상할 수 없을 만큼의 빠르기를 자랑한다. 카자흐인을 자처하는 사람이라면 누구나 말을 사랑한다고 할 수 있다. 과거에는 말을 다루는 능력이 젊은 청년들에게 아내를 선택하게 할 만큼 중요한 능력이었다. 봄과 가을 사이에 벌어졌던 카자흐 전통 축제들의 특징은 말에 타서 그 말을 다루는 기술을 겨루는 것이었다고 할 수 있다.

✚ **콕파르 타르투(Kokpar Tartu)**_ 파르타르투라는 경기는 거친 면을 생각할 때, 일종의 폴로 경기와 유사하다고 할 수 있다. 경기 분위기는 스텝 지역만큼이나 거칠다고 할 수 있다. 경기 참가자의 수 약 1,000명 정도가 가능하다. 내장을 뺀 죽은 염소의 몸통이 경기자들에게 던져지면 그것을 차지하기 위한 격렬한 혼전이 벌어지고 최종적으로 그것을 차지한 자들에게 승리가 돌아간다.

✚ **아우다르스팍(Audarspak)**_ 두 경주자가 상대방을 밀면서, 전속력으로 달리는 경기로서 탁월한 힘과 말을 다루는 기술이 필요한 경기이다.

✚ **퀴므스 알루/텡게 알루(Tenge alu)_** 이 경기는 땅에 놓여 있는 은화나 동전 같은 작은 물건을 말 위에서 전속력으로 달리다가 안장에서 몸을 떼지 않고 잡아채는 놀이이다. 이 경기는 2,300년 전 알렉산더 대왕의 군대가 남부 스텝 지역을 휩쓸고 지나갈 때, 그에게 강한 인상을 주었던 경기로도 알려져 있다.

✚ **처녀 따라잡기(Kuz Kuu)_** 경기를 위해 처녀와 총각들이 선정되어 잘 달리는 말에 올라탄다. 심판관의 신호에 따라 처녀는 남자들보다 10m 정도 앞에서 출발을 준비한다. 다음의 신호에 따라 남자와 여자는 각각 자기 말을 달리게 한다. 청년이 도는 지점까지 처녀를 쫓아가 잡으면, 처녀의 뺨에 입맞춤을 할 수 있는 권리를 얻게 된다. 그 후 청년이 처녀를 종착 지점까지 이르도록 허용하지 않으면 승리하게 된다. 반대로 처녀가 쫓아가서 청년의 말을 채찍으로 때리면, 그때에는 처녀를 승리자로 간주한다.

✚ **말 경주(Beige)_** 말 경주는 카자흐 민족의 오래된 전통 중 하나이다. 주로 카자흐인들은 큰 잔치와 축제, 국경일에 말 경주를 열곤 했다. 경주에는 수백 마리의 말이 참여한다. 카자흐 역사에서는 유명한 위인들이 죽으면, 그 다음해에 추모제가 열리는데, 거대한 말 경주가 함께 열렸다. 카자흐 민족은 유쾌한 이벤트들을 항상 즐겨왔기에 자주 말 경주 대회를 개최했다. 말 경주는 주로 잔치나 축제 때 벌어지기 때문에, 관련 행사의 규모, 말 소유

자들의 경제적 상태, 그리고 말 경주에 참여하는 말의 숫자에 따라 단거리, 중거리, 장거리 경주가 결정된다. 카자흐인들의 경마술은 단순히 육체적인 것만이 아닌, 담력과 기술 그리고 스태미나를 겨루는 것이다. 이러한 경기 중 백미는 알라만 배이게인데, 이것은 장장 80km에 이르는 장거리 말 경주를 말한다.

:사냥(Angshluk)

카자흐인에게 말을 다루는 기술을 겨루는 경기 외에 매(Burkit)를 동반한 사냥(Angshluk)은 또 다른 독특함을 느끼게 하며, 흥분의

:: 사냥용 매

극치로 이끄는 오락이라고 할 수 있다. 현대에 와서 사냥은 자주 보기 힘들 뿐 아니라, 더욱더 특별하게 여겨지는 스포츠가 됐다.

여기서 말하는 특별함이란 맹금을 조련하여 그것을 익숙하게 다루는 기술에 있다. 카자흐인만이 날개폭이 약 3m, 무게가 약 7kg이나 되는 새를 사용해왔다. 눈과 바람으로 둘러싸이는 스텝 지역에서 날카로운 부리와 발톱을 가진 매를 자신의 손 위에 사뿐히 내려앉게 만드는 것은 이곳 남성들이 성취해내길 갈망하는 하나의 과업이라고도 할 수 있다.

그러나 매를 조련하는 것은 끝없는 인내를 요구한다. 우선 매의 새끼를 중가르 분지나 알타이 산맥의 외딴 지역으로부터 몰래 가져와야 한다. 새와 그 조련사는 지속적이면서도 절실한 필요 속에 상호 의존 관계를 이어간다. 새끼 새를 조련할 때, 조련사는 밤 동안 계속해서 자기 양을 희생시킬 각오를 해야 한다. 어린 새는 몇 주 동안 머리에 두건을 씌워 앞을 보지 못하게 한다. 그렇게 하여 자기 주인에게 전적으로 복종하게 된다. 그때 형성된 주인과 새 사이의 친밀감은 일생을 거친 신뢰로 이어져야 한다.

건강한 새라면 20년 이상의 생명력을 갖는다. 스텝 지역 카자흐인의 삶에 함께 존재하는 뷔르쿳은 그 내적 힘과 장수력 그리고 완벽한 몸의 자태로 잘 알려져 있다.

⋮ 씨름(Kures)

씨름 역시 카자흐인들의 오랜 전통 놀이 중 하나이다. 카자흐인들은 유명한 노래꾼들, 시인들, 판관들(비), 용사들(바트르) 그리고 씨름 선수들에 대해 자랑스럽게 생각한다. 씨름 선수들은 씨름 경기를 통해 자신이 대표하는 부족의 명예를 수호한다. 카자흐인들이 전 세계에 자랑하는 씨름 선수로는 발루안 숄락(Baluan Sholak)과 카즈무칸(Kazmukan)이 있다. 카자흐인들은 어릴 때부터 자기 아이를 잘 훈련시켜 씨름 선수로 만들고자 했다. 씨름은 주로 큰 축제와 경축일, 행사 때 벌어졌다.

⋮ 가축의 뼈를 이용한 놀이들

이외에도 카자흐인들은 가축과 가깝게 살았기 때문에 양이나 가축의 뼈들을 도구로 하여 다양한 놀이들을 즐겼다. 이렇게 가축의 뼈를 활용한 대표적 놀이로는 아쑥(Asuk)과 악 쒸엑(Akcyiek)이라는 놀이가 있다.

：전통 축제 : 나우리즈(Nauryz)

'나우리즈' 라는 말은 페르시아어에서 온 말로 '새로운 날' 이라는 뜻이다. 3월은 겨우내 잠자던 자연이 깨어나고, 자연과 인간의 조화가 이루어지는 시기로 3월 22일은 낮과 밤의 길이가 같아지는 날이다. 따뜻한 봄햇살과 함께 찾아와서 동방 민족들이 함께 즐기는 새해의 축제, 나우리즈는 카자흐 민족에게 가장 커다란 축제이다.

유목민이었던 카자흐 민족에게 나우리즈의 의미는 첫 번째로, 봄을 알리는 신호로 봄은 가축이 새끼를 낳는 계절이다. 새끼를 낳으므로 우유도 풍성해진다. 이때 '악 몰 볼슨!(Ak mok bolsn!)' 이라는 소원을 비는 것은 바로 가축이 새끼를 많이 낳고 우유도 풍성해지길 기원하는 것이다. 이 달에 자연은 깨어나고, 생명을 가진 모든 만물은 꿈틀거리기 시작한다. 사람 역시 자연의 일부로서 깨어난 자연과 더불어 조화를 이루며, 생동하는 생명과 함께 새해를 시작한다. 그렇기 때문에 나우리즈를 날 중의 날이라고 여겨서 사람들은 서로서로에게 좋은 소원을 빌어주기도 한다.

두 번째로는, 아름다운 옷을 입고, 나우리즈 코줴에 초대되어 각 가정을 방문하면서 인간 관계를 더 돈독히 하거나 회복하는 시기이다. 나우리즈 때에는 겨울에 남은 묵은 고기로 나우리즈 코줴를 만든다. 코줴는 나우리즈 축제에서 가장 중요한 요소이다. 그 이유는 사람들이 이 코줴를 먹기 위해 서로의 집을 방문하기 때문이다. 사람들은 서로에게 '악 몰 볼슨!', '날 중의 날 나우리즈를 축하합니다!(Nauriz kutti bolsn!)', '평화가 임하길!(Beibitshilik orunalsn!)' 하는 기원을 주고받는다. 이 날은 가깝게 지내다가 사소한 다툼으로 관계가 틀어진 사람들이 서로 화합을 이루는 날이기도 하다. 사람들은 축제를 함께 즐기기 위해 언덕에 오르기도 하고, 말 경주, 파르, 씨름, 크즈 쿠우 그리고 다른 민속놀이들을 한다. 이 축제가 갖는 교육적 의미는 사람들 사이의 관계를 회복하거나 더욱 돈독히 하는 데 있다.

세 번째로는, 겨울의 묵은 것을 다 버리고 새로운 시작을 준비하는 의미로 사람들은 각자의 집이나 마을을 청소하고, 길목을 깨끗이 단장하고 나무를 심기도 한다.

13

이름으로 풀어본
카자흐스탄의 산하

세계에서 아홉 번째로 큰 땅을 자랑하는 카자흐스탄은 그 영토의 크기만큼이나 지리와 날씨가 다양하다. 지형을 보면 북부 지역은 숲과 광활한 초원 지대, 중부 지역은 반사막 지대, 북동부와 남서부 지역은 산악 지대와 사막으로 구성되어 있다. 서쪽으로는 사막 오아시스 도시가 이어지고, 동남쪽은 흰눈으로 덮인 톈산의 길이가 2,000km나 되어 벽을 이루는 듯하다. 북부 지역에 아직 눈보라가 날리고 있을 때, 남부 지역에서는 봄의 기운과 함께 복사꽃, 살구꽃들이 피어난다. 카자흐스탄의 주요 도시들과 알려진 명소들을 그 이름의 의미를 따라 좇아가본다.

✚ **아스타나(Astana)_** 카자흐스탄의 수도. 원래 이름은 '하얀 무덤'이란 뜻의 '악크몰라'였다. 도시는 1824년 '악크몰린스크'라는 이름의 요새로 건설됐다. 그리고 흐루시초프 시절에는 북부 카자흐스탄에 농업을 진작하려는 목적에서 처녀지 개척 프로그램이 실시되면서 '첼리노그라드'라고 불렸다. 독립 이후 다시 '악크몰라'라는 원래의 이름을 회복했고, 1994년 악크몰라로의 수도 이전 관련 법률이 통과됐으나, 이름의 의미가 '하얀 무덤'이라는 뜻이어서 나자르바예프 대통령은 1997년 12월 공식적인 수도 이전과 더불어 그 이름을 '수도'라는 뜻의 '아스타나'로 바꿨다.

✚ **알마티/알마아타(Almaty)_** 옛 수도. 지금도 사람들은 알마티를 남부 수도라고 부른다. 원래 카자흐어는 알마트인데, 알마아타로도 부른다. 알마아타는 '사과의 아버지'라는 뜻이다. 과거 이 지역은 유목 생활 중심지였고, 지금과 같은 현대적 빌딩이 등장하게 된 것은 18세기로 거슬러올라간다. 제정 러시아는 교통의 요지에 요새를 건설하고, 내부에서는 상업활동이 이루어지도록 만들었는데, 현재의 알마티 역시 19세기 중엽 '베르니'라는 이름의 국경도시로 건설됐다. 알마티는 1929~1997년까지 소련시대와 카자흐스탄 독립 초기까지 오랫동안 정치, 경제, 교육, 문화의 중심지의 역할을 했다.

✚ **알라타우(Alatay)_** 톈산산맥의 한 줄기로 톈산을 말한다. 카자

:: 위_ 아스타나 신도시와 이심강
:: 아래_ 알마티의 상징 건물, 카자흐스탄 호텔

흐어로 '알라'는 '얼룩'이라는 뜻으로 사철 만년설이 덮여 흰눈의 부분과 눈이 녹은 검은 부분이 얼룩처럼 보인다고 하여 '알라타우'라 부른다고 한다.

✚ **한텡으르(Hantengir)**_ 알라타우에서 가장 높은 봉우리의 이름. 고대 투르크어-몽골어로 텡그리는 천신을 뜻하며, 카자흐어에서는 텡으르라 일컫는다. 하나님, 천신을 뜻한다.

✚ **심블락(Shymbulak=침블락)**_ 알마티의 명소, 블락은 샘, 원천이라는 뜻이며, 쉼은 깊다는 뜻이다.

✚ **샤른(Sharyn)**_ 알마티에 있는 캐년. 샤른은 투르크어로 산이라는 뜻이다.

✚ **탈티코르간(Taldykorgan)**_ 남동부 알마티의 중심 도시. 투르크어로 요새, 성벽이라는 뜻. 이 도시는 중가르-알라타우 산맥 아래 1868년 세워졌으며, 철도와 육상도로 등이 이 주의 검문소를 통해 카자흐스탄과 중국 간의 국경을 연결하고 있다.

✚ **타라즈(Taraz)**_ 남부 잠불의 중심도시. 7세기경 세워진 역사적 도시로, 실크로드 선상에 있었던 고대 무역의 중심지였다. '타라즈'는 이름도 '추', '저울'을 뜻한다. 이 도시는 8~9세기에는 아

랍인들의 지배를 받았으며 10~12세기 동안에는 카라한조의 중심 도시였다. 1864년에는 러시아의 지배하에 들어가게 되어, 1936년까지 '애울리에-아타(성인-조상)'라는 이름으로, 1938년까지는 '미르죠얀'이라는 이름으로 그리고 그 이후에는 한동안 카자흐의 시인 잠불 자바예프의 이름을 따서 '잠불'로 불리다가 1997년 '타라즈'라는 원래의 이름을 되찾았다.

✚ **알타이(Altai)_** 북동부 지역의 산악 지대로 중국과 러시아와 이어져 있다. 거대한 산이라는 뜻. 혹은 알트는 여섯, 아이는 달을 뜻하므로 겨울이 6개월 동안 지속된다는 뜻에서 붙여졌다고도 한다.

✚ **카라간드(Karagandy)_** 중부 중심 도시로 인구상으로 두 번째 큰 도시로 산업 도시이다. 카라간드라는 이름은 카라간이라는 식물(혹은 나무)이 많다는 뜻이다.

✚ **쉼켄트(Shymkent)_** 남카자흐스탄 주의 중심도시이며, 대 쥐즈의 본산지이다. 소련 시절에는 '침켄트'라고 불렀다. '쉼'은 흙의 일종으로 이 지역의 집이나 요새들이 바로 이 흙으로 지어졌음을 의미하며, '켄트'는 소그드-이란어로 도시라는 뜻이어서, 쉼으로 지어진 도시라고 풀이할 수 있다. 1914~1924년까지는 '체르냐예프'라는 이름으로 불렸다.

✛ **투르키스탄(Turkistan)_** 2000년의 역사를 가진 남부 도시로, 카자흐인의 성지로 인식된 곳이다. 이름은 투르크인의 땅이라는 뜻이며, 이곳에 코좌 아흐멧 야싸위의 유적지가 있다. 17세기 타우켄 칸 시절 카자흐 칸국의 수도였다.

✛ **크즐오르다(Kyzylorda)_** 남부 크즐오르다 주의 중심도시. 크즐오르다는 원래 코칸드 카나테 시절 '악-메쉿(흰 모스크)'이라는 이름의 서쪽 변방 요새로 건설됐다. 1853년에는 러시아 군대가 이 도시를 점령하여 '페롭스크'로 개명했다. 1925~1929년까지 카자흐 소비에트 사회주의 연방공화국의 수도로 정해지면서 과거의 악-메쉿이라는 카자흐명을 붉은 왕국이라는 뜻의 '크즐오르다'로 바꿨다. 크즐오르다는 인구 중 90% 이상이 카자흐인이라 카자흐스탄에서 가장 카자흐적인 분위가 나는 도시이기도 하다.

✛ **아랄(Aral)_** 카자흐스탄 남부에 있는 호수 이름. '아랄'이란 말은 호수의 중심 부분 그리고 강이나 호수 주변의 지역이라는 뜻을 나타낸다. 한때 남부 지역의 젖줄이라고 할 만큼 수량이 풍부했던 아랄해는 소련의 정착민화 작업과 함께 아랄해로부터 무리하게 농업과 면화 재배를 위한 관개용수를 끌어 쓴 결과, 그 수위가 급격히 감소하여 인근 지역은 환경 재앙 지역으로 변화했다.

✛ **망그스타우(Manguistau)_** 서부 망그스타우 주 이름. 고대 터키

어로 크스타우는 겨울 목초지를 뜻하는 말로 천 개의 겨울목초지라는 뜻을 갖는다.

✚ **악타우(Aktau)_** 서부 망그스타우의 중심 도시. 흰 산이라는 뜻으로 주변의 거대하고 평탄한 스텝 지역에서 유래된 것이다. 1963년 처음 형성된 이 도시는 카스피해 연안을 따라 위치해 있어서 관광지로도 잘 알려져 있으며, 외국의 석유 회사들이 이 주의 스텝 지역에서 석유를 시추하고 있다. 소련 시절에는 정치 유배자로 잠시 그곳에 머물렀던 시인의 이름을 따서 '쉐브첸코'로 불렸다.

✚ **아트라우(Atypau)_** 서부 아트라우의 중심 도시. 카자흐어로 드넓은 땅이라는 뜻의 '아트랍'에서 아트라우라는 이름이 붙었다. 우랄강 동쪽에 위치한 이 도시는 1645년 러시아 군사 기지로 세워졌고 한동안 '구리예프'라는 이름으로 불렸다. '아트라우'는 도시 한편은 유럽을, 다른 한편은 러시아를 향하고 있어 양쪽 방면으로 팽창하며 성장해왔다. 오늘날 아트라우는 카스피해의 풍부한 석유와 천연 가스 덕분에 신흥 경제 중심지가 됐으며 캐비어(철갑상어 알) 제공지로도 잘 알려져 있다.

✚ **오랄(Oral)_** 서카자흐스탄의 중심 도시이며, 오랄은 산이라는 뜻이다.

✚ **악퇴베(Aktobe)_** 북서부 악퇴베의 중심 도시이며, '흰 불꽃 언덕'이라는 뜻이다.

✚ **쉐타우(Kokshetay)_** 중북부 아크몰라의 중심 도시. 유명한 관광 도시이기도 하다. 이름의 의미는 푸른색을 띤 산이라는 뜻과 이 산을 근거지로 과거 유목을 했거나 그곳에서 겨울을 났던 카자흐 가계의 이름과 관련됐다고 한다.

✚ **세메이(Semei)_** 동북부의 중심 도시. 러시아어로 일곱 개의 집이라는 뜻의 세미 팔라타에서 '세미 팔라친스크'로 불리다가 카자흐어로 '세메이'라 부르게 됐다. 이 도시는 1718년 현재의 위치 부근에 요새로 건설됐다가 1778년에 이리티쉬강을 따라 현재의 위치로 이동했다. 세메이는 소련 시절 지상에서 실행된 주요 핵 실험장이었기에 주민의 다수가 방사능 누출로 인한 후유증으로 고통받고 있다.

14

아바이와
핵 실험장

카자흐스탄에는 아바이를 기리는 조형물과 건물이 많다. 카자흐 최고의 문화 전당, 알마티 소재 오페라 하우스가 아바이 극장이고 카자흐스탄의 수도 아스타나와 알마티에 아바이 거리가 있는가 하면, 인자한 할아버지 모습을 한 아바이 동상이 도처에서 눈에 띈다. 함경도 사투리를 연상시키는 이름으로 우리에게도 친숙하게 들리는 아바이는 19세기 카자흐스탄의 문학과 계몽 사상을 대표하는 문인이자 사상가의 이름이다. 2006년 러시아와 카자흐스탄이 문화 교류 행사를 하면서 각각 아바이의 날과 푸슈킨의 날을 정해 기념했을 정도니 아바이는 카자흐 민족의 푸슈킨이라고 할 수 있다.

1845년 카자흐스탄 북쪽 징지스칸 산기슭에서 태어난 아바이는 러시아의 중앙아시아 식민화 정책과 그로 인한 카자흐의 독립 상실이 진행될 때 청년기를 맞는다. 그러나 그는 이러한 시대 상황에서도 단순한 민족주의자에 그치지 않고 카자흐 민중

:: 아바이

이 후진성을 극복하기 위해서는 정복자인 러시아의 문화를 배워야 한다는 점을 역설했다. 그렇다고 아바이가 친러시아주의자였던 것도 아니었다. 아바이는 심정적으로 자유인이었고 민중의 편이었다. 그는 카자흐 민족 내 권위주의적이고 전체주의적인 권력자들을 비판했고, 동시에 힘으로 약소민족을 정복하려는 러시아의 제국주의에 반발했다.

아바이는 러시아어를 비롯해 불어, 아랍어, 페르시아어 등 7개의 외국어를 구사하던 교양인이었고, 푸슈킨, 레몬토프 등의 작품 등 러시아 문학뿐 아니라 이슬람과 페르시아 문학 작품을 카자흐어로 번역했고 서양 철학에도 조예가 깊었다. 아바이의 인본주의적 가치를 담은 시 작품과 카자흐 인에 대한 교훈을 목적으로 한 에세이 형식의 잠언집은 지금도 카자흐인의 정신적 양식이 되

고 있다.

아바이는 1904년 러시아가 혁명기에 들어서던 시점에 많은 코스모폴리탄적 정신 유산을 남기고 세상을 떠났고, 혁명 후 소련은 아바이의 반봉건주의적 사상을 평가하여 그를 카자흐 민족 시인으로 추앙했다. 그 이후 소련은 아바이의 출생지인 세미팔라친스크(Semipalatnisk, 카자흐어 지명으로는 세미)에 1949년 핵 실험장을 건설해서 1990년 나자르바예프 대통령이 폐쇄를 결정할 때까지 반세기 동안 대기, 지하 핵실험을 포함 총 750여 회의 핵실험을 했다. 이 과정에서 줄잡아 약 50여 만의 세미팔라친스크 주민들이 방사능에 노출되어 피해를 입었고 세미팔라친스크는 아직도 기형아 출산율이나 백혈병 등 방사능과 연관된 질병의 발병률이 다른 지역에 비해 현저히 높다. EU 등 외국 정부와 기관들이 의료 지원 사업을 펼치면서 어려운 가운데 희망을 잃지 않고 스스로 NGO를 조직하여 자조 활동을 벌이는 방사능 후유증 환자들의 투혼을 보고 많은 것을 배우는 곳이기도 하다.

세계주의적 가치를 존중했던 아바이의 고향이 세계를 양 진영으로 갈라 냉전을 치르는 데 주역을 맡았던 핵무기 실험장이 되었던 것은 역사의 아이러니다. 주민의 보호를 위한 별다른 배려도 없이 강행된 핵실험은 인도주의에 대한 각성을 불러일으키기도 했다. 소련 수소폭탄의 아버지로 불리는 안드레이 사하로프 박사가 1955년 소련 최초의 수소 폭탄 실험을 세미팔라친스크에서 보고 나서 인도주의를 주장하는 반체제 인사로 돌아선 것은 유명한 일화다. 세미팔라친스크는 또한 소외 속의 인간성을 속속들이 파헤치면서 궁극적으로는 인간애에 귀의하는 도스토예프스키가 1850년경 수년간 유형 생활을 하다가 풀려나 첫사랑을 경험한 곳으로도 유명하다.

15

전통 가옥 '키으즈 위' :
국가 통합의 상징

카자흐스탄은 1991년 12월 26일 구소련 해체로 독립하게 되면서 국가 문장(coat of arms)을 제정했다. 카자흐스탄의 국가 문장은 하늘색 바탕의 원형 문장 속에 노란색으로 그린 두 마리의 날개 달린 유니콘, 별, 국명(카자흐어로 표기), 중앙에 위치한 바퀴 모양 상징 등으로 구성되어 있다.

하늘색은 하늘을, 노란색은 농업을 각각 상징하는데, 유목 민족인 카자흐인들이 농업을 상징하는 노란색을 사용한 것은 소비에트 시절 카자흐스탄이 농업 중심지 중 하나였다는 사실을 반영한다. 또한 유니콘은 카자흐스탄의 독립을 상징한다.

그렇다면 과연 유목 민족을 상징하는 문양은 어떤 것인가 자못

궁금해진다. 바로 국가 문장 중앙에 위치한 바퀴 모양의 문양이 유목 민족을 상징적으로 표현하는 것이다. 바퀴 모양의 문양은 바퀴를 상징하는 것이 아니라 카자흐인들의 전통 가옥인 '키으즈 위'를 위에서 보았을 때 중앙에 위치한 '샹으락(돔 모양의 연기가 나가는 부분)'을

:: 카자흐스탄 국가 문장

상징적으로 표현하는 것으로, 따라서 '키으즈 위'는 카자흐스탄 국가 통합의 상징이자 카자흐 민족의 유목민적 정체성을 표현하는 문화적 상징이라고 할 수 있다.

카자흐인의 '키으즈 위'는 못을 전혀 사용하지 않으며 중앙에 기둥을 설치하지 않고 짓는 것으로 유명한데, 보기보단 매우 견고하여 강한 바람에도 잘 견딜 뿐만 아니라 아름답게 장식되어 있는 것이 특징이다. 물론 '키으즈 위'가 크고 화려할수록 부유함을 나타내기도 하지만, 이동의 편의성 때문에 가장 큰 규모의 '키으즈 위'는 약 120m² 정도 수준이다.

'키으즈 위'를 짓는 데 가장 중요한 것은 '샹으락' 올리기라고 할 수 있다. '샹으락'을 얼마나 높이 올리느냐에 따라 '키으즈 위'의 크기가 정해지기 때문에 '샹으락' 올리기는 중요한 의미가

:: 유르타

있다. 따라서 특히 신혼
가정인 경우에는 주변
에 덕망 있고 존경받는
어른에게 '샹으락' 올리
기를 요청하여 새로 시
작하는 가정의 부와 안
녕을 기원하는 것을 전
통으로 하고 있다.

　한편, '샹으락'이 카자흐어로 가정 또는 가족을 의미한다는 것
으로도 '샹으락' 올리기가 가진 중요성은 쉽게 이해가 간다. 다민
족, 다종교 국가인 카자흐스탄이 제민족, 제종교간 화합을 중요
시 여기는 것은 당연한 논리적 귀결이라고 한다면, 카자흐스탄
국가 문장의 중앙에 '샹으락'이 위치한 이유는 자명해진다고 할
수 있다.

부록

1. 정치. 치안 정세

: 치안 정세 일반

카자흐스탄의 정세는 비교적 안정되어 있어 내란, 테러 등이 발생한 적은 없다. 그러나 우즈벡을 사이에 두고 아프가니스탄과 인접하고 있어 국경 지역을 통한 이슬람 극단주의자의 침투, 일부 주변국들의 정세 불안 등으로 돌발 상황이 발생할 가능성도 있다.

: 범죄 현황 등 치안 상태

카자흐스탄 치안은 2008년 이래 악화된 경제 상황에 따라 다소 열악하게 변하고 있어 범죄 피해 가능성은 항상 있기 때문에 신변 안전에 주의해야 한다.

특히, 야간에 택시 등 대중 교통을 이용하거나 도보 이동시 폭력, 강도 피해 사례가 있으며, 부녀자와 노약자인 경우에는 낮에도 노상 강도 피해를 당하는 사례가 있다.

카자흐는 일반 승용차가 불법적인 택시 영업을 많이 하고 있어 강도 등의 범죄가 일어날 가능성이 많다. 특히 야간에 동행인 없이 이러한 불법 택시를 이용하는 것은 매우 위험하기 때문에 각별히 유의해야 한다. 불법 택시를 이용할 수밖에 없을 때는 지인이 차량 번호 등을 메모하는 등의 조치를 취하여 최대한 범죄발생의 소지를 줄일 필요가 있다.

공항, 역, 전통 시장(바자르) 등 사람이 많이 모이는 공공 장소에서는 강도, 소매치기 범죄가 자주 일어나므로 지갑, 여권 등 소지품을 철저히 관리하는 것이 좋다. 특히 이러한 곳에 혼자 있는 경우 범죄의 대상이 되기 쉽다는 것에 유의해야 한다.

: 교통 사고 및 안전 사고

카자흐스탄 도로에는 중앙선 등 차선이 보이지 않는 곳이 많으며,

도로 상태도 나쁘기 때문에 과속을 하는 경우 교통 사고의 위험이 매우 높고, 대형 사고가 될 확률이 높다.

또한 운전 문화가 우리와는 다르고, 현지인들은 대체로 운전을 거칠게 하기 때문에 교통 사고 방지를 위해서는 방어 운전이 필수적이다. 특히 우회전시에는 일단 정차하여 우회전 신호가 떨어진 다음 우회전을 해야 한다.

보행인의 도로 횡단 시 서구와 달리 차량이 보행인에게 잘 양보하지 않으며 신호등이 완전히 바뀌기 전에도 차량이 이동하는 경우가 자주 있으므로 신호등과 차량 이동 여부를 확인한 후 건너야 한다.

교통 사고 발생 시에는 일단 교통 경찰이 출동할 때까지 현장을 보호해야만 정상적인 교통 사고 처리 절차를 진행시킬 수가 있다. 미리 사고 현장에서 차량을 이동하는 경우 본인이 피해자라 하더라도 손해를 볼 수가 있음에 유의해야 한다.

기타 질병 현황

카자흐스탄에는 특별한 풍토병은 없으나 일교차가 매우 심하고, 기압이 낮은 데다, 기후에 따른 질병이 생기기 쉽기 때문에 항상 건강에 신경써야 한다.

지역별로 차이가 있으나 수도인 아스타나를 포함한 북쪽 지역은 겨울철에 영하 40도까지 떨어지고 실내가 매우 건조하여 기관지 계통 및 피부 질환의 질병이 발병하기 쉬우므로 실내에서는 습도를 유지해주는 것이 매우 중요하다.

여름 한낮 기온도 매우 높고 자외선도 강하여 자외선을 차단하는 크림, 선글라스, 모자 등은 필수적으로 준비해야 한다.

전반적으로 수돗물에 석회질이 많고 수질이 좋지 않아 물에 의한 질병 예방을 위해서 반드시 생수를 구입하여 마셔야 한다.

2. 대중 교통과 도로 교통

: 대중 교통

✛ 항공

국제선 · 국내선 모두가 연발착이 잦으므로 공항 출발 전에 가능한 항공 일정을 확인하는 것이 좋다.

아스타나 도심-공항 간은 승용차로 약 20분 정도 걸리고 알마티 공항과 도심은 약 40분 정도 거리에 있다.

아스타나 공항에서 정기 국제선은 암스테르담, 프랑크푸르트, 비엔나, 모스크바, 이스탄불, 타쉬켄트, 두바이 등의 노선이 있다. 이전 수도인 알마티 공항에서는 더 많은 국제 노선이 운영되고 있다.

한국과는 아시아나 항공과 카자흐스탄의 에어 아스타나(Air Astana)가 인천 공항-알마티간을 일주일에 각각 두 차례씩 운행하고 있어 총 주 4회의 항공편이 있다. 비행 시간은 6~7시간 정도이며 왕복 요금은 약 $800~$1,000정도이다. 한국으로부터는 직항 이외에도 우즈베키스탄(타쉬켄트), 중국(베이징) 등을 경유하여 알마티에 올 수 있다.

➕ 버스
버스 요금은 우리 돈으로 약 500원 정도로 저렴한 편이나 노선 확인이나 언어 소통 문제 등으로 외국인이 이용하기는 쉽지 않으며, 소매치기를 조심해야 한다.

➕ 택시
Taxi 표시를 부착하고 공식적으로 영업을 하는 영업용 택시가 있으나 수가 적어 도로변에서 택시를 잡는 것은 어려움이 있다. 거리에는 부수입을 목적으로 자가용으로 영업하는 경우가 많으나 탑승 전에 가격을 흥정하여야 한다. 비교적 가까운 거리는 500텡게(약 4,000원 정도) 정도가 보통의 요금이다. 택시 이용시 소지품을 강탈당하는 일이 종종 있으므로 혼자서 탈 때에는 각별한 주의가 필요하다.

➕ 철도
카자흐스탄 주요 도시 및 모스크바로 철도가 연결되어 있으며 대체로 안전한 교통 수단이기는 하나 등급별로 2~8명 단위로 같은 칸에 탑승을 하기 때문에 가능하면 혼자 철도를 이용하는 여행은 자제하는 것이 좋다.

행정 수도 아스타나에서 이전 수도였던 알마티까지는 특급 열차로 12시간이 소요된다.

외국인은 여행시 신분증(여권)과 입 국카드(또는 거주 등록 카드)를 반드시 소지하고 다녀야 한다.

도로 교통

우리나라에 비해 교통량이 적기 때문에 교통 체증은 적은 편이나 도로 상태가 좋지 않아 고속으로 달리는 경우 사고 위험이 높다. 그러므로 직접 운전할 때에는 서행 운전을 하면서 도로 상태를 잘 살펴야 한다.

동절기 약 5개월간은 도로가 항상 결빙 상태이므로 스노 타이어를 반드시 사용하여야 하며 스노 타이어는 스파이크가 박힌 것을 써야 효과가 있다.

차선 표시가 없는 도로가 많기 때문에 차선 변경시 항상 주의를 해야 한다. 특히 동절기 동안에는 모든 도로에 차선이 지워지기 때문에 더욱 주의를 해야 한다.

3. 기후와 자연 재해

：기후

카자흐스탄은 바다에서 멀리 떨어져 있어 뚜렷한 대륙성 기후를 띠며 겨울은 북부(아스타나)에서는 길고 추우며(1월 평균 기온 -18°C), 중부도 다소 추운 편이나 남부(알마티)는 온난한 편(1월 평균 기온 -3°C)이다.

여름은 보통 길고 건조한데 북부에서는 따뜻하고(7월 평균 기온 20~24°C) 중부는 더우며 남부는 무더운 날씨(7월 평균 기온 28~30°C)를 보인다.

카자흐스탄은 동남부 지역을 따라 지진대에 놓여 있으므로 지진 발생에 대비하여 아래 사항에 유의하여야 한다.

◆ 지진 발생시 실내에 있을 경우 붕괴 위험성이 비교적 적은 안전한 장소(건물 메인 빔 아래)로 대피하는 것이 좋다.
◆ 천재지변 등 긴급 사태에 대비하여 대사관에 반드시 재외국민 등록을 해야 한다.

：자연 재해

산지가 많은 카자흐스탄 동부 지역에는 동절기에 쌓인 눈이 3~5월에 녹으면서 저수지나 댐이 범람하여 제방이 무너지는 등의 재해가 종종 발생하므로 춘절기에는 이러한 지역의 방문을 자제하는 것이 좋다.

4. 현지 관습 및 치안법령

: 단체 여행자

카자흐스탄은 단체 여행자가 많지 않기 때문에 이들을 위한 제반 인프라나 시스템이 다소 낙후되어 있다. 이에 따라 현지 숙소, 음식, 교통 때문에 단체 여행자들이 불편을 느낄 수 있다.

: 종교 활동

카자흐스탄은 이슬람 문화 지역에 속하므로 이슬람 문화에 대한 이해와 존중하는 태도를 유지하는 것이 좋다.

허가를 받은 정해진 장소(교회) 이외에서의 선교 활동은 금지되어 있으며, 이를 어길 시에는 구류, 강제 추방, 재입국 금지 등의 조치가 취해질 수 있음에 유의해야 한다.

: 대인 관계 문화

카자흐스탄은 135개 민족이 거주하고 다양한 종교가 존재하는 가운데, 인종·종교간 화합과 포용을 강조하는 만큼 현지인을 만날 때에는 상호 문화적 차이를 인정하고, 부의 과시나 인격적으로 상대방을 모독하는 언동은 자제하는 것이 좋다.

5. 긴급 상황 발생시 영사 연락망 및 현지 연락처

대사관 주소 및 연락처

- 대사관 주소 : Office No. 91, 92, 93 "Kaskad" Business-center, Kabanbai Batyr Av 6/1, Astana, Kazakhstan
- 전화 : 7-7172-925-591, 592, 593
- 팩스 : 7-7172-925-596
- E-mail : koreaemb-kz@mofat.go.kr
- 홈페이지 : http://kaz.mofat.go.kr
- 근무 시간
  월~금 : 09:00~18:00(점심 시간: 12:30~14:00)
  토, 일 및 주재국 공휴일 : 휴무
- 근무 시간외 비상 연락처
  일반 업무 : 7-777-306-4844
  사건 사고 : 7-777-705-6636

⠇ 영사 콜센터 연락처

- 한국 해외안전지킴이 영사콜센터 24시간 연중무휴

  국내 : 02-3210-0404

  해외 : 무료) 현지 국가 코드 +800-2100-0404

  　　　유료) 현지 국가 코드 +822-2100-0404

⠇ 카자흐스탄 긴급 연락처

- 화재 : 101
- 경찰 : 102
- 구급차 : 103

6. 출입국시 유의사항

※ 2010.3.1부터 시행된 카자흐스탄 신비자 규정 주요 내용

⠇ 신설 비자

✚ 출국 비자

카자흐스탄 체류 외국인 중 영주권자, 영주권자의 해외 이주, 여권 분실자, 강제 추방자 등에 발급.

✚ 선교 비자

카자흐스탄에서 선교 활동에 종사하려는 자에게 최대 180일까지 발급.

∶ 체류 연장 불가 비자

✚ 상용, 개인 초청, 관광, 선교, 통과 비자

상용 비자 소지자 중 카자흐스탄 정부 및 카자흐에 주재하는 외교단, 국제 기구의 초청인 경우에는 비자 연장이 가능하며, 그 외에는 특별한 사유가 없는 한 카자흐스탄 내에서 비자 연장 불가.

✚ 비자 발급 절차 간소화

한국을 포함한 47개국 국가 국민들은 초청장 없이 외교관, 상용, 개인 초청 또는 관광 비자 신청 가능

현지 초청자(회사)는 주재국 출입국 경찰의 승인 없이 직접 카자흐스탄 외교부에 초청 외국인의 비자 신청 가능(개인 자격 초청 제외).

✚ 복수 비자 발급

90일간 유효한 3회 복수 관광 비자 발급(1회 연속 최대 30일 체류 가능)

투자 목적 체류에 대해서는 최대 3년 유효한 복수 비자 발급.

: 비자 정보

우리나라와 카자흐스탄 간에는 비자 면제 협정이 체결되어 있지 않으므로 카자흐스탄에 입국하기 위해서는 주한 카자흐스탄대사관 (주소 : 서울 용산구 한남동 271-5, 전화 : 391-8906, 팩스 : 395-9719)에서 비자를 발급받아야 한다. 단, 외교관이나 관용 여권 소지자는 비자가 면제된다.

비자는 입국 가능 횟수에 따라 단수(Single, 1회 입국), Double(2회 입국), Triple(3회 입국), 복수(Multiple, 4회 이상 입국)으로 나뉜다.

비자 신청시에는 여권, 여권 사본, 반명함판 사진 1매, 비자 신청서, 비자 수수료(대사관 계좌로 송금한 영수증 원본)가 공통으로 필요하며, 비자 기간(체류 기간)에 따라 추가 서류를 제출해야 하는 경우가 있기 때문에 주한 카자흐스탄대사관에 확인하는 것이 좋다.

주한 카자흐스탄대사관에서는 여권 유효 기간이 6개월 이상 남아 있어야 비자를 발급하기 때문에 유효 기간을 반드시 확인하여야 한다.

체류 기간 연장이 가능한 비자의 경우 만료 최소 1주일 전에 이민경찰국(오비르)에 연장 신청해야 하므로, 항상 본인의 비자 기간을 염두에 두어야 한다.

체류 자격(비자 종류)에 맞지 않는 행위(특히, 노동, 선교, 영업 등)를 하는 경우 강제 추방을 당하는 사례가 다수 있기 때문에 체류 자격 외의 활동은 삼가해야 한다.

： 출입국 심사

카자흐스탄 입국시에 작성한 입국 카드는 외국인 등록증과 같은 역할을 하므로 입국시 출입국관리관으로부터 입국 확인 도장을 받은 후 버리지 말고 잘 보관하였다가 출국시 반드시 제출해야 한다.

입국 카드 분실시 출국을 할 수 없으며, 이민경찰국에 벌금을 낸 후 외국인 등록증을 발급받아야만 출국이 가능하다.

원칙적으로 공항 내에서 환승하는 경우 비자가 필요하지 않으나, 공항 여건상 환승 구역에서 장기 대기가 어려우므로 환승 시간이 장기인 경우 통과 비자를 받아 입국하는 편이 좋다. 제3국 사증, 비행기 티켓, 수수료 미화 15달러가 필요하다.

공항을 통해 카자흐스탄에 입국하는 경우, 3개월까지 외국인 등록이 면제된다. 단, 입국 시 작성한 입국 카드에 출입국관리관이 확인 도장을 두 번 날인했는지 확인하여야 한다. (1개는 입국 확인이며, 1개는 외국인 등록 면제의 의미).

그러나 비자 기간이 3개월 미만이고 동 비자 기간 동안 카자흐스탄에서 체류하면서 체류 기간을 연장하려는 경우에는 총 체류 기간이 3개월이 경과되지 않더라도 체류 연장 후 5일 이내에 이민경찰국에서 외국인 등록을 해야 한다. 예를 들어 1개월 비자로 입국한 후 1개월을 추가로 체류 연장을 받은 경우 5일 이내에 외국인 등록을 해야 한다.

　육로(중국, 우즈베키스탄, 키르기스스탄 등) 입국시 입국 후 5일 이내에 반드시 이민경찰국에 외국인 거주 등록을 해야 한다.

⋮ 예방 접종

특별한 풍토병이 없기 때문에 일반적인 예방 접종 외에 별도의 접종은 필요 없다.

⋮ 통관 외

외국인에 대한 수하물 검사는 다소 까다로운 편이며, 규정상 500달러 미만까지 면세로 물품을 반입할 수 있다. 판매를 목적으로 하지 않고 일반 여행자가 사용하기 위해 반입하는 소형 카메라, 노트북 등은 관세 없이 반입이 가능하다.

　여행자가 일반적으로 소지하지 않는 고가의 물품은 세관에 신고를 하여야 출국시 문제가 발생하지 않는다.

　3,000달러를 초과한 현금을 소지하고 입국하는 경우 반드시 세관에 신고하여야 하며, 출국시 입국할 때 소지한 액수보다 많은 경우 공식적인 소명 자료가 있어야만 현금 반출이 가능하다.

　현지에서 고가(500달러 이상)의 물품을 구입하는 경우에는 구입

영수증을 소지하고 출국해야 관세를 물지 않는다.

7. 의료 체계 및 응급 처리

전반적으로 의료 시설 및 수준이 낙후되어 있고 위생 관념이 낮으므로 가급적 현지에서는 수술을 피하는 것이 좋으며, 현지 병원에서 치료나 수술을 받는 경우 의사 소통이 가능한 전문의를 통해 치료를 받는 것이 좋다.

치과 치료는 우리나라에 비해 기술과 수준이 낮기 때문에 가급적 국내에서 치료 후 방문하는 것이 좋다.

대부분의 약품은 의사 처방 없이 약국에서 구입이 가능하지만 의사 소통의 문제로 약 처방이 잘못 될 수 있으므로 상비약이나 의사 처방이 필요한 약은 사전에 한국에서 준비해 가지고 오는 것이 좋다.

7. 기타 참고 사항

: 팁 문화

특별히 정착된 팁 문화는 없으나 호텔 등에서는 1~2달러 정도, 식당에서는 식대의 5% 이내에서 주는 것이 무난하다.

ː 한국과의 시차

한국과는 -3시간 차이가 있다.

ː 전력사용 현황

전압은 220V, 헤르츠는 50hz이다. 일부 지역에서는 전력이 매우 불안정하므로 민감한 전자 제품 사용시 전압 안정기를 사용하는 것이 좋다.

한국의 모든 전자 제품은 60hz의 제품을 사용하기 때문에 일부 모터가 있는 제품 등은 제대로 작동하지 않거나 전자 제품에 손상을 입힐 수 있으니 사전에 확인하는 것이 좋다.

ː 환전

환전은 호텔, 은행, 환전소에서 자유롭게 할 수 있다. 사용 화폐 단위는 텡게(Tenge, KAT)이며 2010년 3월 기준으로 환율은 약 $1=147텡게이다.

ː 통신

일반적으로 유선 통신(전화)은 다소 불안정하고 통화질도 좋지는 않으나 기본 요금만 내면 추가 비용 없이 사용이 가능하다.

무선 통신(휴대전화)은 GSM 방식으로 SIM카드 교체식이다. 한국 휴대전화는 로밍을 하여야만 현지에서 사용 가능하나 통화료가 매우 비싸기 때문에 장기간 사용할 시에는 현지에서 휴대전화와 SIM 카드를 구입하여 사용하는 것이 경제적이다.

인터넷은 한국보다 사용료가 비싸면서 속도는 느린 편이다. 인터넷 뱅킹, 이메일, 웹서핑 등에 사용하는 데는 문제가 없으나 인터넷상에서 동영상 시청은 거의 불가능하다.

፧ 은행

카자흐스탄에는 33개의 은행이 있고 현지 은행들은 지방에도 많은 지점을 보유하고 있어 은행 이용에 큰 불편은 없다. 외국계 은행으로는 우리가 익히 알고 있는 씨티뱅크, HSBC 등이 있는데, 이들 외국 은행들은 주로 기업을 상대로 한 기업 금융을 한다. 우리나라의 국민은행은 2008년 카자흐스탄 은행인 뱅크 센터 크레디트를 부분 인수, 경영 협력을 하면서 서비스가 개선되고 있다. 그 외에 신한은행이 현지 법인을 설립하였다.

현지 은행에 구좌를 개설하기 위해서는 RNN이라는 우리나라 주민 등록 번호 같은 것을 얻어야 한다. 이 번호를 얻기 위해서는 주택 임차 계약서(시청의 공증이 된 것), 주택 주인의 세무 계산서 등이 있어야 한다. 은행의 계좌를 개설했을 경우, 한국으로부터 은행 구좌에 송금이 가능하며 카자흐스탄에서 한국으로 송금도 가능한데, 이 경우에는 송금 당사자의 세금 납세 증명서가 필요하다.

⋮ 알마티

카자흐스탄 국립중앙박물관

카자흐스탄 국립중앙박물관은 1931년도에 알마티 정교회 건물 내부에서 개관했으며, 1985년 현재의 건물로 이전했다.

박물관 소장품은 당초 오렌부르크 군사박물관을 위하여 1830년부터 수집되기 시작한 소장품을 이관받은 것으로 러시아의 저명한 언어학자 블라디미르 달이 주로 수집한 것이며, 1985년에는 세미레친스키주(州) 박물관 소장품을 이관받아 1985년 현재의 건물로 이전했다.

현재의 박물관 건물은 러시아의 건축가 라튜슈니와 무스타피나가 설계한 것으로 유럽의 건축양식에 카자흐스탄 전통 건축양식을 가미한 몇 채 남지 않은 건물이다.

박물관 건물은 총 3층, 1만 7,557m² 규모이고 4개의 중앙 전시실로 구성되어 있으며 20만 점의 소장품을 보관하고 있다. 중앙홀 정면에 전시되어 있는 황금 인간은 기원전 500년경 제작된 것으로 스키타이 문명의 정수이다. 진품은 소장고에 보관되어 있으며 중앙홀에 전시되어 있는 것은 모조품이다.

침블락 스키장

1940년대 말 영국인들이 해발 2,200m에 위치한 침블락이 스키장으로 적합한 요건을 갖추고 있다고 판단하여 조성 사업을 시작했고, 1954년 국제 기준에 부합하는 스키장으로 개장했다. 2011년 아시아 동계 게임 개최 예정지이기도 하다.

:: 침블락 스키장

침블락 스키장 주변에는 숙박 시설과 식당 및 사우나 시설 등을 갖춘 코티지(별장 형태)와 3성급 호텔이 있다. 현재 운영 중인 낙후된 3성급 호텔은 철거되고, 최신 호텔이 들어설 예정이다.

▶ 슬로프

번호	슬로프 명	출발 지점	도착 지점	길이
1	Talgar pass	3,163m	2,920m	343m
2	Women's pit	2,790m	2,485m	1,380m
3	Western cone	2,790m	2,490m	1,050m
4	Pier 20 pension	2,920m	2,260m	2,620m
5	Professor	2,390m	2,260m	700m
6	cone(Snowboard)	2,790m	2,265m	1,875m

▶ 리프트

- 3개의 케이블 체어와 3개의 케이블 로프 운영(10:00~17:00)
- 케이블 총 길이는 3,000m이며 4개의 케이블 스테이션을 운영
- 1단계 케이블 스테이션 : 2,200m, 2단계 : 2,630m, 3단계 : 2,930m, 4단계 : 3,160m

카스체예바 국립현대미술관

카스체예바 미술관은 1935년 셰브첸코박물관 소장 미술품으로 개장했으며, 1976년 현재의 건물로 이전하여 1984년 카스체예바 국립현대미술관으로 명명됐다. 전시 외에도 미술계 학술 활동을

:: 좌_ 알마리산 호수, 옥과 같은 물빛이 특히 아름답다
:: 우_ 공원 내 승천교회

증진시키는 역할을 하고 있다. 카스체예바는 20세기 초 주로 소
연방 산업화 과정을 화폭에 담았던 카자흐스탄 화가이다.

∶ 기타

메데우

해발 1,592m로 톈산의 중턱에 위치한 관광 명소로 시내에서 차
량으로 20분 정도의 거리에 있으며 국제 규모의 아이스 링크가 있
고 여름철에는 옥외 수영장도 개방한다.

알마라산

시내에서 차량으로 30분 정도의 거리에 있으며, 톈산에서 내려오는 맑은 물과 자연을 즐길 수 있고 상부에는 휴양소가 있다.

고리키 공원

시내에서 가장 큰 공원으로 내부에는 유원지와 동물원 등이 있다.

판필로프 공원(28인 전사 기념관)

제2차 세계 대전 때 지원병으로 전쟁에 갔던 28명의 카자흐스탄 출신 젊은이들의 죽음을 애도하기 위해 만든 공원이며, 이들이 참전했던 모스크바 방어전을 기리는 대형 조형물이 있다. 공원 내에는 1887년 알마티 대지진 이후 건설된 러시아 정교회(승천교회)가 있는데, 이 교회는 1911년 진도 10도의 지진이 알마티를 다시 강타했을 때 전혀 손상을 받지 않은 목조 건물로 유명하다.

⋮ 아스타나

조국 수호자 기념비

조국 수호자 기념비는 2001년 5월 제2차 세계 대전 대독승전 기념일에 맞추어 준공했다.

　기념비 중앙에 조각된 여인상은 '조국 어머니(Motherland Mama)'로 슬픔과 비애보다는 평화를 상징하며 미소를 짓고 있는 것이 특색이다. 여인이 들고 있는 금그릇은 카자흐스탄 거주 민족들의 평화와 번영을 상징하는데, 일설에는 전쟁에서 귀환한 아들에게 어머니가 우유를 먹이는 전통을 상징한다고도 한다. 중앙 정면에 위치한 영원의 불꽃은 '불멸의 생'을 의미하며, 기념비 좌측 조형물은 고대 전사들의 모습을, 우측 조형물은 조국 전쟁에 참전한 소련 군인들의 모습을 조각했다.

바이테렉 상징탑

바이테렉 상징탑은 1997년 12월에 아스타나로 수도를 옮긴 후 '새로운 시작'을 상징하는 조형물을 건립하라는 나자르바예프 대통령의 지시에 따라 2002년 8월 29일 건립됐다.

카자흐스탄 전설에 따르면 고대 카자흐에 '신비의 나무'가 있었으며 그 나무 위에 사는 파랑새는 '새로운 생명의 창조'를 의미하는 금 달걀을 낳았다고 하는데, 이 상징탑은 신수도 건설과 함께 카자흐스탄의 '새로운 시작'을 의미한다.

바이테렉 상징탑은 아스타나로 수도를 이전한 1997년을 기념하여 전망대층을 97m로 건립했고, 전망대는 상징탑 외곽에서 볼 때 2단계 대형 원형 구조물 안에 위치하고 있다.

1단계에서는 신도시 행정 센터 전체 조망이 가능하도록 했으며, 2단계에는 입구 우측에 나자르바예프 대통령 손바닥을 원형판에 음각해놓고 이 손바닥에 방문객이 손을 올려놓으면 대통령 찬가가 자동 연주되도록 했으며, 입구 왼쪽에는 2003년 9월 아스타나에서 세계종교지도자회의가 개최된 것을 계기 삼아 세계 평화와 화해를 기원하는 세계 종교 지도자들의 서명이 지구위 위에 마련된 원형판에 음각되어 있다.

대통령 문화센터

대통령 문화센터는 나자르바예프 대통령의 특별지시에 따라 2000년 10월 24일 아스타나에 건립됐다.

문화센터는 박물관, 도서관, 콘서트 홀 및 전시실 등으로 구성되어 있는데, 1층 중앙 홀에는 1991년 12월 독립 이후 주권 국가로서 카자흐스탄의 국가 발전 과정을 국기, 국가 상징물 및 최초의 헌법 등을 통해 전시했다. 1층 카자흐 민속 박물관에는 카자흐 민족들의 유목 생활 모습을 보여주기 위해 유르타(카자흐 유목민족의 전통적인 텐트), 가구, 사냥도구, 양탄자 등을 전시했다.

한편 2층에 마련된 고고학 박물관에는 신석기시대부터 18세기에 이르는 고고학적 발굴물을 전시해놓았는데, 대표적인 것으로는 1980년 아스타나 동쪽 60km 떨어진 악자르 마을에서 발견된 500만 년 전의 유골로서 고고학자들의 지속적인 관심대상이 되고 있다.

2층 보석 박물관에는 18~19세기 중 카자흐스탄에서 발견된 각종 보석 장신구를 전시했다.

챠링 캐년

:: 챠링 캐년

알마티 동쪽 200km 지점에 있는 카자흐스탄의 그랜드캐년이다. 강과 바람의 풍화 작용으로 형성된 사암 지대인 챠링 캐년은 깊이가 최고 300m 정도로 그랜드캐년에 비하면 작은 규모이지만, 계곡을 따라 흐르는 챠링강을 따라 154km에 걸쳐 형성된 기암괴석이 절경을 이룬다. 알마티에서 차량으로 약 4시간 정도 걸리며 진입로가 험한 편이어서 계곡 밑까지 내려가려면 4륜 구동 자동차가 필요하다. 아직 대중화되지는 않았지만 챠링강은 수량이 연중 풍부하여 래프팅에 적격이다. 챠링 캐년에는 빙하시대부터 있었다는 관목의 일종인 물푸레나무 자생지로 유명하기도 하다.

탐갈리 타스 암각화 유적지

알마티에서 서쪽으로 170km 떨어진 비쉬켁으로 가는 길가에 위치한 탐갈리 타스 유적지에는 기원전 14~15세기 청동기 시대부터 터키 민족이 활동하던 시기까지 20세기에 가까운 시대에 걸친 고대인들의 암각화가 보존되어 있다. 유네스코가 보호 대상으로 지정한 이곳에는 고대인들이 섬기던 자연신의 형상을 비롯하여 산양, 늑대, 말, 여우, 매 등 고대인들의 생활과 밀접했던 각종 동물을 그린 약 4,000점의 암각화를 볼 수 있다.

명성에 비해서는 아직 관광지로 개발이 안 되어 암각화를 돌아보는 데 다소 불편이 있지만, 거의 자연 상태에서 고대인들의 예술 감각을 감상하는 즐거움이 있다.

:: 암각화

알틴 에멜 국립공원

알마티에서 동남쪽으로 150km 떨어져 있는 국립공원이다. 약 46만ha에 이르는 광대한 알틴 에멜 국립공원에는 기원전 10세기 고대인들의 무덤군이 있고, 시베리아산 염소, 늑대, 여우 등이 야생하여 사파리를 할 수 있는 곳이다. 멀지 않은 곳에 '노래하는 사막'이 있다. 건조한 날에 공기와 모래의 작용에 의해 오르간과 비슷한 음악 소리를 내는 모래 언덕은 호기심 많은 관광객들의 명소가 되고 있다.

바라보예

카자흐스탄의 새로운 수도 아스타나는 광활한 스텝 한복판에 있어 나무가 우거진 산과 푸른 호수가 그리운 곳이다. 아스타나 시민의 정서를 달래주는 데 큰 몫을 하는 곳이 바라보예 유원지다. 아스타나에서 북쪽으로 250km 정도 떨어져 있는 바라보예 유원지는 그림 같은 호수와 침엽수림으로 덮인 주변 산지가 어울려 카자흐스탄의 스위스라고도 불리는 곳이다.

관광지로서의 역사가 길어 휴양소를 겸한 호텔들이 들어서 있고 특히 1997년 아스타나가 카자흐스탄의 수도가 되면서 물과 나무가 그리운 아스타나 시민들이 즐겨 찾는 장소로서 명성을 더하고 있다. 카자흐스탄 정부는 또한 바라보예에 카지노를 유치하고 대규모 관광 단지를 조성할 계획이어서 조용한 호수의 휴양지가 얼마 안 가 카자흐스탄의 라스베이거스로 탈바꿈할지도 모른다.

발하쉬 호수

알마티와 아스타나를 잇는 1,000km에 가까운 국도 중간에 펼쳐진 카자흐스탄 제3의 호수다. 동서로 형성된 발하쉬 호수의 전체 길이는 614km이고 폭은 3.5～44km까지 기복이 있으며 가장 깊은 곳의 수심은 26m 가량이다. 카자흐스탄 제1, 제2호수인 카스피해와 아랄해가 염수호인데 비해 발하쉬호는 동쪽 부분은 염수, 서쪽 부분은 담수인 특이한 호수이다.

발하쉬호 주변은 대부분 스텝 지역이지만 북쪽에는 벡타우아타산맥이 있는데, 그 최고봉은 1,000m에 달해 맑은 날이면 100km 이상 떨어진 곳에서도 마치 스텝의 나그네를 인도하는 등대 같은 모습을 하고 있다.

오타르

카자흐스탄은 그 자연의 아름다움으로 유명하지만 옛 문명의 발자취도 많이 남아 있다. 오타르는 기원전 4세기경에 건설된 고도(古都)로서 카자흐스탄 남쪽에 위치하고 있다. 이 도시는 중세시대 이슬람 문명권을 대표하는 사상가 알 파라비가 거주한 곳이며 15세기 중앙아시아의 강국이었던 티무르 제국의 타멜란 황제가 중국 원정길에 나서다가 병사한 곳이기도 하다. 사우란 요새, 고분 등 이슬람시대 유적이 많이 있다.

카자흐스탄의 에티켓

카자흐스탄을 방문했을 때 에티켓을 잘 몰라서 실례를 범하는 경우가 흔하다. 이와 같은 실수를 예방하기 위해 간단하지만 알아두면 유용한 카자흐스탄의 대표적인 에티켓을 소개한다.

- 식사 중 말하면 안 된다.
- 식사 후 트림을 하면 안 된다.
- 식사 중 쩝쩝거리며 먹으면 안 된다.
- 식사 중 남의 그릇에서 먹으면 안 된다.
- 결혼식 때 결혼 반지를 잃어버리면 나중에 헤어지게 된다.
- 밤에 집에서 휘파람을 불면 돈이 없어진다.

- 집에 어떤 물건을 놓고 나오더라도 다시 들어가지 말아야 한다.

- 처녀가 식탁 모서리 앞에 앉으면 7년 동안 시집을 못 간다.

- 친구들 사이에 같은 빵조각을 먹으면 싸우게 된다.

- 임산부는 머리카락을 자르면 안 된다.

- 아이는 한 살이 될 때까지 거울을 보면 안 된다.

- 아이가 꿈을 꿀 때 웃으면, 꿈속에서 천사들과 함께 놀고 있는 순간이기 때문에 아이를 깨워서는 안 된다.

- 애인에게 사진이나 시계를 선물하면 안 된다.

- 약혼한 남자는 결혼할 때까지 신부를 보면 안 된다.

- 문지방을 사이에 두고 인사하면 안 된다.

- 집에서 죽은 사람이 있으면 거울을 덮어야 한다.

- 짝수 송이의 꽃을 주면 안 된다(짝수 꽃은 장례식용).

- 칼을 선물하면 안 된다.

- 밤에 손톱을 깎으면 안 된다.

- 밤에는 돈을 세지 말아야 하며 남에게 돈을 빌려서도 안 된다. 또한 밤에 부득이하게 돈을 지불해야 하는 경우, 사람에게 직접 돈을 주어서는 안 되며, 테이블이나 계산대 앞에 돈을 놓는 것이 좋다.

- 밤에 소금을 주면 안 된다.

- 부부는 서로의 머리를 깎아주면 안 된다.

- 다리를 흔들면 부모님이 일찍 돌아가신다.

- 여자가 식사를 초대하더라도 계산은 남자가 한다.

- 남녀가 악수하지 않는다.

간단한 카자흐어 몇 마디

✚ 인사

- 안녕하십니까?   살레멧스즈 베?
- 어서 오십시오.   호쉬 켈등으스.
- 건강은 어떻습니까?   덴 사울러겅어즈 칼라이?
- 기분은 어떻습니까?   쾽을 퀴응으즈 칼라이?
- 좋습니다.   좍서.
- 괜찮습니다.   좌만 예메스.
- 만나서 반갑습니다.   스즈더 쾨르게느메 쿠아너쉬떠먼

✚ 소개

• 이 사람은 ㅇㅇㅇ입니다.	불 크스 ㅇㅇㅇ.
• 이름은 무엇입니까?	스즈등 아텅으즈 큼?
• 나의 이름은 ㅇㅇㅇ입니다.	메능 아텀 ㅇㅇㅇ.

✚ 초대

• 초대해 주셔서 고맙습니다.	샤커르가넝어즈가 라흐멧.
• 고맙습니다. 가겠습니다.	라흐멧. 켈레먼.

✚ 요청

• 부탁드릴 것이 있습니다.	스즈게 워트느셈 바르.
• 물론입니다.	에리네.
• 그렇게 하겠습니다.	볼라더.

✚ 합의

• 예.	이야.
• 물론입니다.	에리네.
• 아주 좋습니다.	워쩨 좍서.
• 제안에 동의합니다.	스즈등 우서너승으스벤 켈르세므즈
• 우리는 이것에 만족합니다.	브즈게 불 워쩨 콜라이더.

✚ 거절

- 아닙니다.　　　　　　　　　족.
- 안 됩니다.　　　　　　　　　볼마이더.
- 모릅니다.　　　　　　　　　블메이먼.

✚ 용서

- 죄송합니다.　케셔릉으즈.
- 카자흐 말을 잘 못하는　　　카작샤 두러스 아이타 알마가넘
  것을 이해해 주세요.　　　　우신 카푸 예테르서즈.

✚ 축하

- 집안과 하시는 일이　　　　스즈게 타버스. 위 으성으즈게
  잘되시기를.　　　　　　　　바컷 틀레이믄.
- 진심으로 축하합니다.　　　션 주렉텐 쿠턱타이먼.

✚ 작별

- 안녕히 계세요/가세요.　　　코쉬, 사우 볼렁어스.
- 다시 만날 때까지.　　　　　켈레스 케즈덴스켄쉐.

- 주 카자흐스탄 한국 대사관, 2006, 『카자흐스탄 개황』.
- 주 카자흐스탄 한국 대사관, 2010, 『여행시 주의사항』.
- 해외건설협회 알마티 지부, 2010, 『카자흐스탄 건설현황』.
- 이장규 · 이석호, 2006, 『카스피해 에너지 전쟁』, 올림.
- 김 게르만, 2005, 『한인 이주의 역사』, 박영사.
- 주영 카자흐스탄 대사관, 2005, *The Republic of Kazakhstan, Country Profile*, London.
- Alshanov, R.A., 2005, *Kazakhstan on the World Mineral and Commodity Market* (in Russian) : Institute of the World Market, Almaty.
- *Almaty, Visitors' guide book*, 2007, City of Almaty.
- Economist Intelligence Unit, *Country Report Kazakhstan 2005,2006*.
- Ernst & Young, 2005, *Observation of Tax Regime of Oil and Gas Sector*.
- Han, Guri, 2006, *The Asia-Pacific Region in the World Economy and Politics* (in Russian) : Kazakhstan University of Law, Almaty.
- Hopkirk, Peter, 2001, *The Great Game* : Oxford University Press.
- Kan, Georgi, 2005, *History of Kazakhstan* (in Russian) : Almaty Kitap.
- *Kazakhstan State Book*, 2005, (in Russian) : Kazakhstan Government.
- Keenan, Brigid, 2005, *Diplomatic Baggage* : John Murrary, London.
- Kim, Vladimir, 2005, *Age of Creation* (in Russian) : Dayir, Almaty.
- Klarke, Michael T., 2004, *Blood and Oil* : Hamish Hamilton, London.

* *Kyrgyz Republic*, 2004, Air Photo International : Hong Kong.
* Levin, Steve, 2007, *The Oil and the Glory* : Random House, New York.
* Man, John, 2004, *Genghis Khan* : Banton Books, London.
* Nazarbayev, Nursultan, 2007, *Kazakhstan's Way* (in Russian) : Arko, Karaganda.
* Robbins, Christopher, 2007, *In Search of Kazakhstan* : Profile Books, London.
* Shayakhmetov, Mukhamet, 2006, *The Silent Steppe* : Stacey International, London.
* Lee, Geron, 2000, 『고본지』(in Russian) : Bishkek.

1장 | 카자흐스탄은 어떤 나라?

2장 | 카자흐스탄의 자원과 경제

3장 | 고려인

카자흐스탄의 이모저모

중앙아시아의 거인, 카자흐스탄

1판 1쇄 펴냄 2008년 3월 5일
2판 1쇄 찍음 2010년 4월 15일
2판 1쇄 펴냄 2010년 4월 20일

지은이 김일수 외

주간 김현숙
편집 변효현, 김주희
디자인 이현정, 전미혜
영업 백국현, 도진호
관리 김옥연

펴낸곳 궁리출판
펴낸이 이갑수

등록 1999. 3. 29. 제300-2004-162호
주소 110-043 서울특별시 종로구 통인동 31-4 우남빌딩 2층
전화 02-734-6591~3
팩스 02-734-6554
E-mail kungree@kungree.com
홈페이지 www.kungree.com

ISBN 978-89-5820-121-2   03340

값 15,000원